TURBO PASCAL

griffbereit

EKKEHARD KAIER

Alle Turbo-Pascal-Versionen
einschließlich 4.0

SPRINGER FACHMEDIEN
WIESBADEN GMBH

Inhaltsverzeichnis

1 Übersicht III

2 Schlüssel für das Arbeiten mit Turbo Pascal IV

3 Alle Sprachmittel von Turbo Pascal 1

4 Anhang 73
  4.1 Compiler-Befehle 73
  4.2 ASCII-Code 77
  4.3 Sprachmittel in alphabetischer Ordnung 78
  4.4 Sprachmittel nach Anwendungsgebieten geordnet 84

Das in diesem Buch enthaltene Programm-Material ist mit keiner Verpflichtung oder Garantie irgendeiner Art verbunden. Der Autor und der Verlag übernehmen infolgedessen keine Verantwortung und werden keine daraus folgende oder sonstige Haftung übernehmen, die auf irgendeine Art aus der Benutzung dieses Programm-Materials oder Teilen davon entsteht.

Additional material to this book can be downloaded from http://extras.springer.com.

Der Verlag Vieweg ist ein Unternehmen der Verlagsgruppe Bertelsmann.

Ursprünglich erschienen bei Friedr. Vieweg & Sohn Verlagsgesellschaft mbH, Braunschweig 1988

Umschlaggestaltung: Ludwig Markgraf, Wiesbaden

Lengericher Handelsdruckerei, Lengerich

Additional material to this book can be downloaded from http://extra.springer.com.

ISBN 978-3-528-04606-4 ISBN 978-3-322-89426-7 (eBook)
DOI 10.1007/978-3-322-89426-7

1 Übersicht

In dieser Broschüre finden Sie alle Sprachmittel der Programmiersprache Turbo Pascal (bis einschließlich Version 4.0), seien es Anweisungen, Datentypen, Datenstrukturen, Geräte-Dateien, Konstanten, Funktionen, Menübefehle, Operatoren, Prozeduren, reservierte Wörter, Standard-Units, Turbo-Dateien oder Variablen. In den drei Units Graph3 und Turbo3 stellt Turbo Pascal 4.0 alle Sprachmittel der Version 3.0 zur Verfügung; auch diese Routinen werden beschrieben.

Schlüssel für das Arbeiten mit Turbo Pascal (Abschnitt 2):

In dem Indexschlüssel finden Sie Verweise auf die einzelnen Sprachmittel. Zwei Beispiele: Wenn Sie eine Ausgabe an den Drucker umleiten möchten und die dazu Anweisung nicht kennen, dann schauen Sie unter "Drucker" im Schlüssel nach. Wenn Sie eine Unit aufrufen möchten, dann verweist Sie der Schlüssel "Aufruf (Unit)" zur USES-Anweisung.

Sprachmittel in alphabetischer Reihenfolge (Abschnitt 3):

Zu jedem Sprachmittel sind folgende fünf Punkte wiedergegeben:

1. Zugehöriges Anwendungsgebiet rechts oben. Beispiel: Für Arc ist "Grafik-Prozedur, Graph, 4" eingetragen. Das bedeutet, daß die Standard-Unit Graph benötigt wird, und daß diese Prozedur nur in der Version 4.0 verfügbar ist. Als nächstes Sprachmittel ist nochmals Arc angeführt, nun aber mit dem Vermerk "Grafik-Prozedur, Graph3"; aktivieren Sie die Unit Graph3, dann können Sie unter Pascal 4.0 auch die zur Version 3.0 kompatible Arc-Prozedur aufrufen.
2. Allgemeines Format für den Aufruf.
3. Erläuterungen zum allgemeinen Format.
4. Anwendungsbeispiel(e).
5. Allgemeines Format für die Vereinbarung

Die Sprachmittel sind wie folgt beschrieben bzw. abgekürzt:

- In der ersten Zeile Finden Sie in Versalien die folgenden Angaben: Befehlswort (z.B. Arc), Anwendungsgebiet (z.B. Grafik-Prozedur), Standard-Unit (z.B. Graph) und Pascal-Versionsnummer (z.B. 4).
- "4" verweist auf die Version "Pascal 4.0" und "3" auf "Pascal 3.0".
- Reservierte Wörter sind in Großschreibung angegeben.
- Klammern () müssen von Ihnen eingetippt werden.
- Angaben zwischen "/ /" sind optional.
- Ein einzelnes Zeichen "/" steht für "entweder/oder".
- Kommentar wird zwischen { } angegeben.
- Indizes werden zwischen [ ] angegeben.
- b kennzeichnet eine Variable vom Boolean-Typ.
- c kennzeichnet eine Variable vom Char-Typ.
- i kennzeichnet eine Variable vom Integer-Typ.
- r kennzeichnet eine Variable vom Real-Typ.
- x kennzeichnet eine Variable eines numerischen Typs.
- w kennzeichnet eine Variable vom Word-Typ.

- Die Bezeichnungen "ordinaler Typ" und "Skalar-Typ" sind gleich.
- Die Endung Arr kennzeichnet einen Array-Typ (z.B. ArtikelArr).
- Die Endung Rec kennzeichnet einen Record-Typ (z.B. TelRec).
- Die Endung Fil kennzeichnet einen File-Typ (z.B. TelFil).

Anhang (Abschnitt 4)

Nach den Compiler-Befehlen (Abschnitt 4.1) und dem ASCII-Code (Abschnitt 4.2) werden alle Sprachmittel bis einschließlich Turbo Pascal 4.0 nochmals zum Nachschlagen bereitgestellt: zuerst alphabetisch geordnet (Abschnitt 4.3), und dann nach Anwendungsgebieten geordnet (Abschnitt 4.4).

2 Schlüssel für das Arbeiten mit Turbo Pascal

A **Absolute Adresse, Addr 1**
Abweisende Schleife, WHILE-DO 68
Adresse, Mem 39
Adresse einem Zeiger zuweisen, @ 72
Adresse (Heap), New 41
Anweisung, BEGIN-END 4
Anweisungsblock, PROCEDURE 48
Anweisungsblock, WHILE-DO 69
ASCII-Zeichen umsetzen, Chr 8
Aufruf (Funktion), FUNCTION 23
Aufruf (Prozedur), BEGIN-END 4
Aufruf (Unit), USES 67
Ausgabeanweisung, Write, 70
Ausgabeanweisung, WriteLn 70
Ausgabedatei (Standard), Output 43
Auswahlstruktur, IF-THEN-ELSE 32

B **Balken zeichnen, Bar3D 4**
Beenden einer Struktur, END 16
Beenden von Pascal, File/Quit 19
Benutzerdefinierter Datentyp, TYPE 66
Benutzerdefinierte Unit, UNIT 66
Benutzung einer Unit, USES 67
Betrag, Abs 1
Betriebssystemebene, File 19
Bezugsvariable, New 41
Bibliothek von Turbo, TURBO.TPL 65
Bildausschnitt kopieren, GetImage 25
Bildschirm löschen, ClrScr 9
Bildschirmfenster einfärben, FillScreen 20
Bildspeicher beschreiben, DirectVideo 13
Bildspeicher überwachen, CheckSnow 8
Bitbelegung umkehren, NOT 42
Bit-Block-Transfer-Konstante, Graph 28

Block, BlockRead 5
Blockgröße (Datei), Rewrite 52
Blockanweisung, BEGIN-END 4
Boolean-Funktion, FUNCTION 23
Block verlassen, Exit 17

C **Change dir-Befehl, File 18**
Clipping-Konstante, Graph 28
Clip-Funktion nennen, GetViewSettings 27
Code, INLINE 33
Codesegment-Adresse, CSeg 12
Com1, Aux 3
CP/M-86-Funktionsaufruf, Bdos 4
CRLF (neue Zeile), ReadLn 51
Cursor (Text) positionieren, GotoXY 27
Cursor (Grafik) bewegen, MoveRel 40

D **Datei abschneiden, Truncate 64**
Datei anlegen, Rewrite 52
Datei öffnen, Reset 52
Datei schließen, Close 9
Datei umbenennen, Rename 52
Dateiattribut-Konstante, Dos 14
Dateiattribut angeben, GetFAttr 24
Dateiattribut setzen, SetFAttr 56
Dateiende feststellen, EoF 16
Dateiende markieren, CheckEoF 7
Dateiname suchen, FindFirst 21
Dateipuffer sicherstellen, Flush 21
Dateityp für Zeilen, Text 62
Dateivariable, Assign 3
Dateiverkettung, Chain 7
Dateizeiger, Reset 52
Dateizeiger setzen, Seek 53
Dateizugriff steuern, File 18
Dateizugriffsberechtigung, FileMode 19
Datenport ansprechen, Port 46
Datensatz anhängen, Append 2
Datensatz lesen, Read 50
Datensatz schreiben, Write 70
Datensatzanzahl anzeigen, FileSize 19
Datensatznummer anzeigen, FilePos 19
Datensatz-Datei, FILE OF 19
Datensegment-Adresse, DSeg 15
Date-Time-Typ, Dos 14
Datum angeben, GetDate 24
Datum setzen, SetDate 56
Datum-Format entpacken, UnPackTime 67
Datum-Prozedur, Dos 14
Dezimalen Restteil angeben, Frac 22
Drucker aktivieren, Lst 38
Druckausgabe, WriteLn, 71
Dynamische Variable, New 41

E **Editor aufrufen, Edit 16**
Einfache Anweisung, BEGIN-END 4
Eingabe, ReadLn 50
Eingabe eines Zeichens, ReadKey 50
Eingabedatei (Standard), Input 33
Eingabeparameter, PROCEDURE 48
Einseitige Auswahlstruktur, IF-THEN 32
Elementtyp, ARRAY 3
Entwicklungsumgebung 3.0, TURBO.COM 62
Entwicklungsumgebung 4.0, TURBO.EXE 64

Ergebnistyp, FUNCTION 23
Exit-Code liefern, DosExitCode 15
Exklusives Oder, XOR 71
Explizite Typvereinbarung, ARRAY 3
Explizite Typvereinbarung, RECORD 51
Exponent zur Basis e, Exp 18
Exponentialdarstellung E..., Real 51

F **Fallabfrage, CASE 6**
False, Boolean 5
Farbe angeben, GetColor 24
Farbe der Palette zuordnen, ColorTable 9
Farbgrafikmodus, GraphColorMode 29
Farbnummer, HiResColor 32
Farbnummer angeben, GetDotColor 24
Farbpalette aktivieren, Palette 45
Farb-Konstanten, Graph 28
Farb-Palette ändern, SetPalette 57
Farb-Palette neu setzen, SetAllPalette 55
Fehlercode, DosError 14
Fehlercode, GraphErrorMsg 29
Fehlercode, GraphResult 30
Fehlercode, IOResult 35
Fenster einrichten, SetViewPort 58
Fenster (Text) einrichten, Window 69
Fensterbegrenzung angeben, GetViewSettings 27
Flag-Konstante, Dos 14
Font, SetTextStyle 58
Fragmentliste, FreeMin 22
Fragmentliste (Startadresse), FreePtr 23
Frequenz einstellen, Sound 60
Füllmuster-Daten angeben, GetFillSettings 25
Funktionstaste abfragen, ReadKey 50

G **Ganze Zahlen, Integer 34**
Ganzzahlig dividierem, DIV 14
Ganzzahligen Teil angeben, Int 34
Ganzzahligen Teil angeben, Trunc 64
Ganzzahliger Divisionsrest, MOD 40
Grafikbildschirm löschen, ClearDevice 8
Grafikbildschirm (Größe), GetAspectRatio 23
Grafikmodus wechseln, SetGraphMode 57
Grafikmodus-Nummer angeben, GetGraphMode 25
Grafikmodus-Konstante, Graph 28
Grafiktreiber entfernen, CloseGraph 9
Grafiktreiber feststellen, DetectGraph 13
Grafiktreiber-Konstante, Graph, 28
Grafik initialisieren, InitGraph 33
Großschreibung, UpCase, 67

H **Heapzeiger zuweisen, Mark 38**
Heapzeiger-Position angeben, HeapPtr 31
Heap-Startadresse angeben, HeapOrg 31
Hexadezimale Adressangabe, Mem 39
Hintergrundfarbe angeben, GetBkColor 24
Hochauflösende Grafik, HiRes 31
Höherwertiges Byte, Hi 31

I **Implizite Typvereinbarung, ARRAY 3**
Implizite Typvereinbarung, RECORD 51
Initialisierte Variable, CONST 10
Integer-Datentyp, Integer 34
Integer-Datentyp, LongInt 37
Integer-Datentyp, ShortInt 59

Integer-Datentyp, Word 69
Indextyp, ARRAY 3
Installieren von Turbo, TINST.EXE 63
Interrupt 21h, MsDos 41
Interrupt-Prozedur, Dos 14
Interrupt-Prozedur, INTERRUPT 34
Interrupt-Vektor angeben, GetIntVec 25
Interrupt-Vektor setzen, SetIntVec 57
I/O-Gerät zur Ausgabe, Usr 67
Justierungs-Konstante, Graph 28

K **Keyboard, Kbd 35**
Kommandozeilen-Version, TPC.EXE 63
Kommentar im Quelltext, {} 72
Konsole als Eingabedatei, Con 10
Konstantenparameter, PROCEDURE 48
Konstantenvereinbarung, CONST 10
Kontrollanweisung, BEGIN-END 4
Kreis zeichnen, Circle 8
Kreisbogen zeichnen, Arc 2
Kuchenstück zeichnen, PieSlice 46

L **Lautsprecher ausschalten, NoSound 42**
Linienart setzen, SetLineStyle 57
Linie zeichnen, Draw 15
Linie zeichnen (bis), LineRel 36
Linie zeichnen (von-bis), Line 36
Linien-Konstante, Graph 28
Load-Befehl, File 18
Lpt1 (Drucker), Lst 38
Löschen (Datei von Diskette), Erase 17
Löschen (Zeile), DelLine 13
Löschen (Zeile ab Cursor), ClrEol 9
Löschen (Zeichen); Delete 12
Logarithmus, Ln 37
Logischer Dateiname, Assign 3

M **Make prüfen, Run 54**
Maschinenprogramm einbinden, EXTERNAL 18
Maschinenprogramm einbinden, INLINE 33
Mehrseitige Auswahlstruktur, CASE 6
Menge, SET OF 55
Mengenoperator, IN 33
Muster definieren, Pattern 45
Muster definieren, SetFillPattern 56

N **Nachfolger angeben, Succ 61**
New-Befehl, File 18
Nicht-abweisende Schleife, REPEAT 52
Nicht-typisierte Datei lesen, BlockRead 5
Nicht-typisierte Datei, FILE 18
Niederwertiges Byte, Lo 37
Niederwertiges Byte austauschen, Swap 61

O **Oder, OR 43**
Offsetwert, ABSOLUTE 1
Offsetwert angeben, Ofs 42
Offsetadresse, Mem 39
Ordinalwert angeben, Ord 43

P **Palette (Farbe) aktivieren, Palette 45**
Parameter, PROCEDURE 48
Pfad ermitteln, GetDir 24
Physischer Dateiname, Assign 3

Pick-Befehl, File 18
Pixelfarbe angeben, GetPixel 26
Polygon einfärben, FillPoly 20
Polygon zeichnen, DrawPoly 15
Programmkopf, PROGRAM 48
Programmsegment-Präfix (PSP), PrefixSeg 47
Programm abbrechen, CheckBreak 7
Programm beenden, Halt 30
Programm beenden, Keep 36
Programm starten, Run 54
Programm starten (von Programm), Exec 17
Pointer, New 41
PSP, PrefixSeg 47
Puffervariable (Grafik), PutImage 49
Punkt in einer Farbe zeichnen, PutPixel 49
Punkt zeichnen, Plot 46

Q **Quadrat bilden, Sqr 60**
Quadratwurzel ziehen, Sqrt 60
Qualifizierung (Bezeichner), USES 67
Quit-Befehl, File 19

R **Real-Datentyp, Real 51**
Real-Datentyp, Comp 10
Real-Datentyp, Double 15
Real-Datentyp, Extended 18
Real-Datentyp, Single 60
Rechteck zeichnen, Bar 4
Rechteck zeichnen, Rectangle 51
Record-Komponentenzugriff, WITH 69
Registers-Typ, Dos 14
Routinen benutzen, UNIT 67
Runden einer Zahl, Round 53

S **Save-Befehl, File 18**
Schleife (Zähler), FOR-DO 21
Schleife, REPEAT 52
Schleife, WHILE 68
Schnittstelle (Unit), INTERFACE 32
Schreiben auf Datei, Write 70
SearchRec-Typ, Dos 14
Segmentadresse, Mem 39
Segmentwert, ABSOLUTE 1
Segmentwert angeben, Seg 55
Seite aktivieren, SetActivePage 55
Serieller Port, Aux 3
Shape einfärben, FillShape 20
Shift Left, SHL 59
Skalarer Ausdruck, CASE 6
Skalarwert angeben, Ord 43
Software-Interrupt, Intr 35
Spaltenkoordinate, Arc 2
Spaltenkoordinate angeben, GetX 27
Speicherplatz anzeigen (Laufwerk), DiskFree 13
Speicherplatz anzeigen (Heap), MaxAvail 38
Speicherplatz anzeigen (Heap), MemAvail 39
Speicherplatz freigeben (Heap), Dispose 13
Speicherplatz freigeben (Heap), FreeMem 22
Speicherplatz freigeben (Heap), GraphFreeMem 30
Speicherplatz reservieren (Heap), GetMem 26
Speicherplatz reservieren (Heap), GraphGetMem 30
Speicherzugriff (direkt), Mem 39
Speicher-Array, Mem 39
Sprunganweisung, GOTO 27

Sprungmarke, LABEL 36
SP-Register, SPtr 60

Stacksegment-Adresse, SSeg 12
Stackzeiger-Position angeben, SPtr 60
Standard-Datentyp, TYPE 66
Standard-Unit, UNIT 66
Statische Variable, New 41
Stringanfangsposition nennen, Pos 47
Stringlänge angeben, Length 36
Stringverkettung, Concat, 10
String einfügen, Insert 34
String in Zahl umwandeln, Val 68
String kopieren, Copy 10
Strukturierte Anweisung, BEGIN-END 4

T **Tabelle, ARRAY 3**
Tastatur, Kbd 35
Tastatureingabe, KeyPressed 36
Tastaturpuffer, BufLen 6
Terminal, Trm 64
Terminal Reset String, CrtExit 11
Textattribut bereitstellen, TextAttr 62
Textdateivariable, AssignCrt 3
Textdateipuffer, SetTextBuf 58
Textfenster einrichten, Window 69
Texthöhe einstellen, TextHeight 63
Textmodus einstellen. TextMode 63
Textzeichenfarbe angeben, TextColor 62
Text in Grafik ausgeben, OutText 44
Ton erzeugen, Sound 60
True, Boolean 5
TURBO.HLP, TURBO.EXE 64
Turbo Pascal Library, TURBO.TPL 65
Turtle anhalten, NoWrap 42
Turtle nach hinten bewegen, Back 3
Turtle verstecken, HideTurtle 31
Turtle-Richtung angeben, Heading 30
TYPE-Vereinbarung, PROGRAM 48
Typisierte Datei, FILE OF 19
Typisierte Konstante, CONST 10
Typvereinbarung (explizit), RECORD 51
Typvereinbarung (implizit), RECORD 51

U **Übersetzen, Compiler 10**
Uhrzeit setzen, SetTime 58
Und-Verknüpfung, And 1
Ungerade Zahl prüfen, Odd 42
Unit aufrufen, USES 67
Unit Crt (Ein-/Ausgabe), Crt 11
Unit Dos (Dos-Schnittstelle), Dos 14
Unit Graph (Grafikpaket), Graph 28
Unit Graph3 (Turbo 3.0-Grafik), Graph3 29
Unit Printer (Druckausgabe), Printer 47
Unit System (Standard), System 62
Unit Turbo3 (Kompatibilität 3.0), Turbo3 64
Unit-Bestandteil, IMPLEMENTATION 32
Unit-Bestandteil, INTERFACE 34
Unit vereinbaren, UNIT 66
Untermenge, SET OF 55
Unterprogramm, FUNCTION 23
Unterprogramm, PROCEDURE 48
Untypisierte Datei, BlockRead 5
USES-Vereinbarung, PROGRAM 48

V **Variable (statisch/dynamisch), New 41**
Variablenparameter, PROCEDURE 48
VAR-Vereinbarung, PROCEDURE 48
Verbund, RECORD 51
Verbundanweisung, BEGIN,END 4
Vereinbarungsteil, PROGRAM 48
Verneinung, NOT 42
Verschiebeoperation, SHR 59
Verzeichnis anlegen, MkDir 40
Verzeichnis ermitteln, GetDir 24
Verzeichnis löschen, RmDir 52
Verzeichnis wechseln, ChDir 7
Videomodus einstellen, RestoreCrtMode 52
Vordefinierter Typ, TYPE 66
Vorgänger nennen, Pred 47
Vorwärts-Vereinbarung, FORWARD 22

W **Wahrheitswert, Boolean 5**
Warteschleife erzeugen, Delay 12
Werterhöhung, Inc 33
Wertverminderung, Dec 12
Wertzuweisung, := 72
Wiederholungsstruktur, FOR 21
Wiederholungsstruktur, REPEAT 52
Wiederholungsstruktur, WHILE 68
Write to-Befehl, File 18

Z **Zählerschleife, FOR-DO 21**
Zahl in String umwandeln, Str 61
Zeichen umsetzen (ASCII-Code), Chr 8
Zeichen zuordnen, FillChar 20
Zeichen (numerisch), Byte 6
Zeichen (Text), Char 7
Zeichenfarbe setzen, SetColor 56
Zeichenkette, STRING 61
Zeichensatz festlegen, SetTextStyle 58
Zeigervariable, New 41
Zeigervariable, NIL 41
Zeigervariablen löschen, Release 51
Zeile (leer) einfügen, InsLine 34
Zeile löschen, DelLine 13
Zeile ab Cursor löschen, ClrEol 9
Zeilenende feststellen, EoLn 16
Zeilenkoordinate, Arc 2
Zeilenkoordinate angeben, GetY 27
Zeit angeben, GetTime 27
Zeit seit Dateiänderung nennen, GetFTime 25
Zufallszahl bilden, Random 49
Zufallszahlengenerator, Randomize 50
Zuweisungsanweisung, := 72
Zweiseitige Auswahlstruktur, IF-THEN-ELSE 32

Abs

Arithmetische Funktion

x := Abs(IntegerAusdruck / RealAusdruck)
Den Absolutwert (Betrag) des Ausdrucks (Konstante, Variable oder Funktionsergebnis) bilden. Der Argumenttyp bestimmt den Ergebnistyp.
2.111 vom Real-Typ und 3000 vom Integer-Typ ausgeben:

```
-   i := -3002; WriteLn(Abs(-2.111), Abs(i+2))
```

```
FUNCTION Abs(r: Real): Real
FUNCTION Abs(i: Integer): Integer
```

ABSOLUTE

Reserviertes Wort

VAR Variablenname: Datentyp ABSOLUTE Adressangabe
Mit ABSOLUTE kann man dem Compiler vorschreiben, an welcher absoluten Adresse eine Variable abzulegen ist. Über ABSOLUTE Variablen kann man mit MS-DOS kommunizieren und nicht-typisierte Parameter nutzen. Adreßangabe stets im Format Segmentwert:Offsetwert.
Variable i1 an Adresse $0000:$00EE ablegen:

```
-   VAR i1: Integer ABSOLUTE $0000:$00EE
```

Die Variable b2 an die Adresse von c2 speichern, um die Bindung der Variablen an den Datentyp zu umgehen:

```
-   PROCEDURE GleicheAdresse;
    VAR
      c2: Char; b2: Byte ABSOLUTE c2;
    BEGIN
      b2 := 69; WriteLn(c2)
    END;
```

Addr

Speicher-Funktion

x := Addr(Ausdruck)
Die absolute Adresse der im Ausdruck genannten Variablen, Funktion bzw. Prozedur angeben. Adresse als Integer-Wert (8-Bit-PC) oder als 32-Bit-Zeiger auf das Segment und den Offset (16-Bit-PC) angeben.
Die Adresse läßt sich einer Zeigervariablen zuweisen:

```
-   p1 := Addr(Wahl)
-   p2 := Addr(Reihe[8])
-   p3 := Addr(TelRec.Name)
```

```
FUNCTION Addr(VAR Variable): Pointer
```

AND

Arithmetischer Operator

i := IntegerAusdruck AND IntegerAusdruck
Ausdrücke bitweise so verknüpfen, daß für "1 UND 1" ein Bit gesetzt und andernfalls gelöscht wird. Anwendung: Bit-Filter, gezieltes Löschen einzelner Bits.
0 nach i1 zuweisen, da 00111 AND 10000 verknüpft:

```
-   i1 := 7 AND 16
```

6 nach i2 zuweisen, da 00111 AND 10110 verknüpft:

```
-   i2 := 7 AND 22
```

AND

Logischer Operator

b := BoolescherAusdruck AND BoolescherAusdruck
Ausdrücke mit Variablen bzw. Konstanten vom Boolean-Typ und mit Vergleichen über "logisch UND" verknüpfen:

True AND True gibt True   False AND True gibt False
True AND False gibt False   False AND False gibt False

True, wenn Zins kleiner 9000 und p gleich 10 sind:

```
- IF (Zins<9000) AND (p=10) THEN ...
```

True, wenn Anzahl größer 9 und Gefunden True sind:

```
- Ergebnis := (Anzahl>9) AND Gefunden
```

Append

Datei-Prozedur

Append(Dateivariable)
Den Dateizeiger hinter den letzten Datensatz positionieren, um anschließend mit Write zu schreiben (anzuhängen).
Die Datei B:Telefon1.DAT öffnen, um Sätze anzufügen:

```
- Assign(TelFil,'B:Telefon1.DAT')
  Append(TelFil)
```

```
PROCEDURE Append(VAR f: File)
```

Arc

Grafik-Prozedur, Graph, 4

Arc(x,y,StartWinkel,EndWinkel,Radius)
Einen Kreisbogen zeichnen. x als Spaltenkoordinate (0-319) und y als Zeilenkoordinate (0-199) des Kreismittelpunktes. Winkel in Grad entgegen dem Uhrzeigersinn (0 Grad für horizontal rechts vom Mittelpunkt).
Einen Vollkreis mit Radius 70 in Bildschirmmitte zeichnen:

```
- Arc(159,99,0,360,70);
```

```
PROCEDURE Arc(x,y:Integer; StartWinkel,EndWinkel, Radius: Word)
```

Arc

Grafik-Prozedur, Graph3

Arc(x,y,Winkel,Radius,Farbe)
Einen Kreisbogen zeichnen. x als Spaltenkoordinate (z.B. 0-319 bzw. 0-639) des Kreismittelpunkts. y als Zeilenkoordinate (z.B. 0-199). Winkel als Kreis-Gradzahl zur Zeichnung im (positiv) bzw. entgegen (negativ) dem Uhrzeigersinn. Radius in Pixeln für den Durchmesser des Kreises. Farbe -1 gemäß ColorTable, 0-3 gemäß Palette im GraphColorMode bzw. HiResColor-Farbe bei HiRes.

```
PROCEDURE Arc(x,y,Winkel,Radius,Farbe: Integer)
```

ArcTan

Arithmetische Funktion

r := ArcTan(IntegerAusdruck oder RealAusdruck)
Winkelfunktion Arcus Tangens. Für die angegebene Tangente den Winkel im Bogenmaß (zwischen -pi/2 und pi/2) angeben.
Bildschirmausgabe von 0.124355:

```
- WriteLn(ArcTan(0.125)
```

```
FUNCTION ArcTan(r:Real): Real
FUNCTION ArcTan(i:Integer): Integer
```

ARRAY

Datenstruktur

ARRAY[Indextyp] OF Elementtyp

Die Datenstruktur Array ist eine Folge von Elementen mit jeweils gleichen Datentypen. Der Indextyp muß abzählbar sein (Integer, Byte, Char, Boolean, Aufzähltyp, Unterbereichstyp). Der Elementtyp kann einfach oder strukturiert sein. Für [ ] kann man auch (. .) schreiben.

10-Elemente-Integer-Array namens Umsatz mit impliziter Typvereinbarung:

```
- VAR Umsatz: ARRAY(.0..9.) OF Integer;
```

Explizite Typvereinbarung als Voraussetzung zur Übergabe einer Arrayvariablen als Prozedurparameter:

```
- TYPE
    Indextyp = 0..9; Elementtyp = 500..2000;
    Umsatztyp = ARRAY(.Indextyp.) OF Elementtyp;
  VAR Umsatz: Umsatztyp
```

Direktzugriff auf das 7. Element über Indexvariable i:

```
- i := 7; Umsatz(.i.) := 1870
```

Assign

Datei-Prozedur

Assign(Dateivariable,'Laufwerk:Diskettendateiname')

Die Verbindung zwischen dem physischen Namen einer Datei auf Diskette und dem logischen Dateinamen, mit dem die Datei innerhalb des Programmes angesprochen wird, herstellen (anders ausgedrückt: den Dateinamen einer Dateivariablen zuordnen.

Die Datei Telefon1.DAT der Dateivariablen TelFil zuordnen:

```
- Assign(TelFil,'B:Telefon1.DAT')
- Write('Welcher Dateiname? '); ReadLn(Dateiname)
  Assign(TelFil,Dateiname)
```

```
PROCEDURE Assign(VAR f: File; Dateiname: String)
```

AssignCrt

E/A-Prozedur, Crt, 4

Assign(Textdateivariable)

Die Dateivariable mit dem Bildschirm verbinden. Die Textausgabe mit Crt ist schneller als mit Input und Output.

```
PROCEDURE AssignCrt(VAR f:Text)
```

Aux

Geräte-Datei

I/O-Gerät. Einsatz zur Kontrolle eines seriellen Ports (anstelle von Aux kann auch Com1 verwendet werden).

Back

Turtle-Prozedur, Graph3

Back(Entfernung)

Die Turtle ab der aktuellen Position nach hinten (Entfernung positiv) bzw. nach vorne (Entfernung negativ) bewegen.

Turtle um 50 Bildpunkte (Pixel) nach vorne bewegen:

```
- Back(-50)
```

```
PROCEDURE Back(Entfernung: Integer)
```

Bar

Grafik-Prozedur, Graph, 4

Bar(x1,y1, x2,y2)
Ein Rechteck mit (x1,y1) links oben und (x2,y2) rechts unten zeichnen und gemäß SetFillStyle und SetFillPattern füllen. Bei einem Fehler liefert GraphResult den Wert -6.

```
PROCEDURE Bar(x1,y1,x2,y2: Integer)
```

Bar3D

Grafik-Prozedur, Graph, 4

Bar3D(x1,y1,x2,y2,Tiefe,Deckel)
Einen dreidimensionalen Balken mit (x1,y1) links oben und (x2,y2) rechts unten zeichnen. Angabe der räumlichen Tiefe in Pixeln. Für Deckel=False wird kein oberer Abschluß gezeichnet. Farbe, Linienart und Füllmuster gemäß SetColor, SetLineStyle und SetFillStyle bzw. SetFillPattern. Die räumliche Tiefe liegt sinnvoll bei 25% der Breite:

```
- Bar3D(x1,y1,x2,y2, (x2-x1+1)DIV 4, DeckelZu)
```

```
PROCEDURE Bar3D(x1,y1,x2,y2:Integer; Tiefe:Word; Deckel:Boolean)
```

Bdos, BdosHL

Speicher-Funktion, 3

i := Bdos(Funktion, Parameter)
CP/M-80- bzw. CP/M-86-Funktionsaufrufe vornehmen. Für BdosHL die CPU-Register H und L zurückmelden.

```
FUNCTION Bdos(Funktion,Parameter):Integer): Byte
FUNCTION BdosHL(Funktion,Parameter):Integer): Integer
```

BEGIN-END

Anweisung

BEGIN Anweisung(en) END
Klammerung zusammengehörender Anweisungen zu einem Block als Anweisungseinheit. Ein Block (Verbund) wird wie eine Anweisung behandelt. Turbo Pascal umfaßt einfache und strukturierte Anweisungen:
Drei einfache Anweisungen: Zuweisung ":=", Prozeduranweisung (für Aufruf) und Sprunganweisung (GOTO).
Zwei strukturierte Anweisungstypen: Eine Blockanweisung BEGIN-END (Verbund) und fünf Kontrollanweisungen (IF, CASE, WHILE, REPEAT und FOR).
Mehrere Anweisungen als Block hinter THEN ausführen:

```
- IF NOT Verheimlichen THEN
    BEGIN                       (*Blockanfang*)
      WriteLn('Zwei Anweisungen');
      WriteLn('bilden einen Block.')
    END                         (*Blockende*)
```

Mehrere Anweisungen als Block hinter DO wiederholen:

```
- FOR i:=1 TO 10 DO
    BEGIN z:=z+i; Write(z,' '); GotoXY(i+x,i+y) END
```

Bios, BiosHL

Speicher-Funktion, 3

i := Bios(Funktion, Parameter)
CP/M-80- bzw. CP/M-86-Funktionsaufrufe vornehmen. Bei Endung HL CPU-Register H und L zurückmelden.

```
FUNCTION Bios(Funktion,Parameter):Integer): Byte
FUNCTION BiosHL(Funktion,Parameter):Integer): Integer
```

BlockRead

Datei-Prozedur

BlockRead(Dateivariable,Puffer,Blockanzahl/,Meldung/)
Beliebige Anzahl von Blöcken aus der nicht-typsierten Dateivariablen in einen internen Pufferspeicher lesen. Dateivariable vom FILE-Typ (nicht-typisierte Datei). Puffer als Variable beliebigen Typs zur Aufnahme der gelesenen Blöcke im RAM (ist Puffer zu klein, wird der auf Puffer folgende Speicherbereich überschrieben. Achtung!). Blockanzahl gibt die Anzahl der 128-Bytes-Blöcke an. In Meldung wird die Anzahl der tatsächlich gelesenen Blöcke bereitgestellt.
Abweichung in Version 3.0: Word-Typ durch Integer-Typ ersetzt.
Mit nicht-typisierten Dateien wird die schnellste Möglichkeitzum Kopieren von Diskettendateien angeboten:

```
PROCEDURE Kopie;
VAR
  QuellFil,ZielFil: FILE;
  Puffer: ARRAY[1..128,1..150] OF Byte;
  Meldung: Integer
BEGIN
  Assign(QuellFil,'Prg1.PAS'); Reset(QuellFil);
  Assign(ZielFil,'PrgNeu1.PAS'); Rewrite(ZielFil);
  REPEAT
    BlockRead(QuellFil,Puffer,150,Meldung);
    BlockWrite(ZielFil,Puffer,,Meldung)
  UNTIL Meldung = 0;
  Close(QuellFil); Close(ZielFil)
END; (*von Kopie*)
```

```
BlockRead(VAR f:File; VAR Puffer:Type; n/,m/:Word)
```

BlockWrite

Datei-Prozedur

BlockWrite(Dateivariable,Puffer,Blockanzahl/,Meldung/)
Einen Block zu 128 Bytes aus dem Puffer im RAM auf eine nicht-typsierte Datei speichern. Parameter siehe Prozedur BlockRead als Gegenstück. Bei zu kleinem Puffer wird der auf den Pufferspeicher folgende RAM-Inhalt auf die Datei geschrieben. Beispiel siehe BlockRead.
Abweichung in Version 3.0: Word-Typ durch Integer-Typ ersetzt.

```
BlockWrite(VAR f:File; VAR Puffer:Type; n/,m/:Word)
```

Boolean

Standard-Datentyp

VAR Variablenname: Boolean
Vordefinierter Datentyp für Wahrheitswerte True (wahr) und False (unwahr).

Eine Variable namens Ende belegt 1 Byte Speicherplatz:

```
- VAR Ende: Boolean
```

Ende wird jeweils True gesetzt, wenn man 'ja' eintippt:

```
- Ende := Tastatureingabe = 'ja'
- IF Tastatureingabe = 'ja' THEN Ende := True
```

```
TYPE Boolean = (True,False)
```

BufLen

Standard-Variable

BufLen := AnzahlZeichen

Maximalanzahl von Zeichen festlegen, die bei der nächsten Benutzereingabe angenommen wird. Nach jeder Eingabe wird sofort wieder BufLen:=127 gesetzt.

Bei der nächsten Eingabe sollen maximal 50 Zeichen getippt werden können:

```
- BufLen := 50;
  ReadLn(Eingabe)
```

```
CONST BufLen: Integer = 127
```

Byte

Standard-Datentyp

VAR Variablenname: Byte

Vordefinierter Datentyp für ganze Zahlen zwischen 0 und 255. Der Byte-Typ ist zu den anderen Integer-Typen (Integer, LongInt, ShortInt und Word) kompatibel.

Eine Byte-Variable belegt nur ein Byte bzw. acht Bits Speicherplatz:

```
- VAR Nummer: Byte
```

```
TYPE Byte = 0..255
```

CASE-OF-ELSE-END

Anweisung

CASE SkalarAusdruck OF
Wert1: Anweisung1;
Wert2: Anweisung2;
...
/ELSE Anweisung/
END (*von CASE*)

Eine mehrseitige Auswahlstruktur kontrollieren: Die Anweisung ausführen, deren Wert mit dem Inhalt des Ausdruckes übereinstimmt. Der Ausdruck muß skalar bzw. abzählbar sein (Real nicht erlaubt).

Ja/Nein-Entscheidung mittels CASE abfragen:

```
- CASE TastaturEingabe OF
    'j','J': WriteLn('Ja wurde gewählt.';
    'n','N': BEGIN Write('nein'); Proz1 END
    ELSE WriteLn('bitte nochmals')
  END
```

CBreak

E/A-Variable, Turbo3

Funktionsgleich zur Variablen CheckBreak in Version 4.

Chain
Datei-Prozedur, 3

Chain(Dateivariable)
Ein mit dem Dateityp CHN ohne Runtime-Bibliothek abgespeichertes Pascal-Programm von einem laufenden Programm (Dateityp PAS oder COM) ausführen.
Tel.CHN vom laufenden Programm aus ausführen:

```
- Assign(NeuFil,'B:Tel.CHN')
  Chain(NeuFil)

PROCEDURE Chain(f: File)
```

Char
Standard-Datentyp

VAR Variablenname: Char
Vordefinierter Datentyp für 256 Zeichen gemäß ASCII-Code (Char für Character bzw. Zeichen).
Die Variable Zeichen belegt 1 Byte an Speicherplatz:

```
- VAR Zeichen: Char
Char-Konstanten werden durch ' ' dargestellt:
- WriteLn('d','?','$',' ')
Kontrollcode mit Caret (^7 = Bell, ^J = LF, ^M = CR):
- Write(^7,^7,^J,^M,^7)
Gleichen Kontrollcode mit # und ASCII-Nr ausgeben:
- WriteLn(#7, #7, #10, #13, #7)
Gleichen Kontrollcode mit $ und Hex-Werten ausgeben:
- WriteLn(#$07, #$07, #$0A, #$0D, #$07)
```

ChDir
Datei-Prozedur

ChDir(Pfadname)
Vom aktuellen in das genannte Unterverzeichnis wechseln (Change Directory). Identisch zu DOS-Befehl CD (siehe auch GetDir, MkDir und RmDir).
Unterverzeichnis Anwend1 von Laufwerk B: aktivieren.

```
- ChDir(b: Anwend1)

PROCEDURE ChDir(VAR Pfadname: String)
```

CheckBreak
E/A-Variable, Crt, 4

Die Variable ist auf True gesetzt, damit bei der Benutzereingabe von Ctrl-Break (Strg-Abbr) das Programm abgebrochen wird.
Prüfung auf Ctrl-Break und einen eventuellen Abbruch verhindern:

```
- CheckBreak := False;

CONST CheckBreak: Boolean = True
```

CheckEoF
E/A-Variable, Crt, 4

Durch die Benutzereingabe von Ctrl-Z (Strg-Z) wird keine Dateiende-Markierung erzeugt. Nach Ctrl-Z werden solange nur noch Dateiende-Markierungen geliefert, bis die Datei durch Reset neu geöffnet wird:

```
- CheckEoF ;= True;

CONST CheckEoF: Boolean = False
```

CheckSnow
E/A-Variable, Crt, 4

Prüfroutine beim Schreiben in den Bildspeicher überwachen (Voraussetzung: DirectVideo := False).

```
CONST CheckSnow: Boolean = True
```

Chr
Transfer-Funktion

c := Chr(ASCII-Codenummer)
Für eine ASCII-Codenummer zwischen 0 und 255 (Integer- bzw. Byte-Typ) das zugehörige Zeichen (Char-Typ) angeben.
Am Bildschirm das Zeichen 'B' ausgeben:

```
- WriteLn(Chr(66))
```

CRLF-Signal (Carriage Return und Line Feed) speichern:

```
- Zeilenschaltung := Chr(13) + Chr(10)
```

```
FUNCTION Chr(I: Integer): Char
```

Circle
Grafik-Prozedur, Graph, 4

Circle(x,y, Radius)
Einen Kreis in der aktiven Farbe um den Mittelpunkt (x,y) zeichnen.
Zehn Kreise in der Bildschirmmitte zeichnen:

```
- FOR rad := 1 TO 10 DO
    Circle(159,99,rad*5);
```

```
PROCEDURE Circle(x,y: Integer; Radius:Word)
```

Circle
Grafik-Prozedur, Graph3

Circle(x,y, Radius, Farbe)
Einen Kreis mit x und y als Koordinaten des Mittelpunktes zeichnen. Radius zur Festlegung des Durchmessers. Farbe einstellen mit 0-3 gemäß Palette (GraphColorMode), -1 (ColorTable) bzw. HiResColor (HiRes).

```
PROCEDURE Circle(x,y,Radius,Farbe): Integer)
```

ClearDevice
Grafik-Prozedur, Graph, 4

ClearDevice
Den Bildschirm löschen und alle Parameter des Grafik-Treibers auf die Standardeinstellungen zurücksetzen.

```
PROCEDURE ClearDevice
```

ClearScreen
Turtle-Prozedur, Graph3

ClearScreen
Den Bildschirm bzw. das aktives Fenster löschen und die Turtle an die Home-Position setzen.

```
PROCEDURE ClearSreen
```

ClearViewPort

Grafik-Prozedur, Graph, 4

ClearViewPort
Bildschirm des aktiven Zeichenfensters löschen, d.h. das Fenster mit der Farbe von Palette(0) füllen.

```
PROCEDURE ClearViewPort
```

Close

Datei-Prozedur

Close(Dateivariable)
Eine durch die Dateivariable benannte Diskettendatei schließen. Close übernimmt zwei Aufgaben: 1. Dateipuffer leeren, d.h. auf die Datei schreiben. 2. Disketteninhaltsverzeichnis aktualisieren. Abweichung zu Version 3: Bei nicht geöffneter Datei entsteht ein Laufzeitfehler.

```
-   Close(TelFil)
```

```
PROCEDURE Close(VAR f:File)
```

CloseGraph

Grafik-Prozedur, Graph, 4

CloseGraph
Grafiktreiber aus dem RAM entfernen und den zuvor aktiven Text-Modus einstellen (siehe InitGraph).

```
PROCEDURE CloseGraph
```

ClrEol

E/A-Prozedur, Crt

ClrEol
Daten von der Cursorposition bis zum Zeilenende löschen (Clear End Of Line für "Leer bis Zeilenende"). ClrEol arbeitet relativ zu einem mit Window gegebenen Fenster.
Am Bildschirm steht in Zeile 1 nur noch 'griff':

```
-   Write('griffbereit'); GotoXY(6,1); ClrEol
```

```
PROCEDURE ClrEol
```

ClrScr

E/A-Prozedur, Crt

ClrScr
Den Bildschirm löschen und Cursor nach oben links positionieren (Clear Screen steht für "Leerer Bildschirm"). ClrScr bezieht sich auf ein mit Window gegebenes Fenster.
Das Wort 'griffbereit' erscheint nur 5 Sekunden lang:

```
-   ClrScr; Write('griffbereit'); Delay(6000); ClrScr
```

```
PROCEDURE ClrScr
```

ColorTable

Grafik-Prozedur, Graph3

ColorTable(Farbe0, Farbe1, Farbe2, Farbe3)
Eine Farbe für die aktive Palette zuordnen, d.h. den Standard-Farbtafelwert (0,1,2,3) ändern.
Farben 3 und 0 tauschen bei Farben 1 und 2 wie bisher:

```
-   ColorTable(3,1,2,0)
```

```
PROCEDURE ColorTable(Far1,Far2,Far3,Far4: Integer)
```

Comp

Standard-Datentyp, 4

VAR Variablenname: Comp
Real-Typ mit einem Wertebereich von (-2 hoch 63) bis (2 hoch 63 - 1) bzw. (-9.2*10 hoch 18) bis (9.2*10 hoch 18), der einen numerischen Coprozessor voraussetzt.

Compile

Turbo-Menü

Menübefehl, um einen Pascal-Quelltext durch Direktaufruf des Compilers oder über MAKE bzw. BUILD zu übersetzen.

Con

Geräte-Datei

Die Konsole Con entspricht normalerweise der primären Eingabedatei Input. Drei identische Eingaben:

```
- Read(Taste), Read(Input,Taste), Read(Con,Taste).
```

Concat

String-Funktion

s := Concat(s1/,s2.../)
Strings s1+s2+s3+... zum Gesamtstring s verketten bzw. addieren (Stringaddition). s1,s2,... sind Konstanten und/ oder Variablen vom Typ String. Der Verkettungsoperator "+" ist einfacher zu handhaben als die Funktion Concat.
Andere Schreibweise zur Verkettung Write('Tu'+'r'+'bo'):

```
- Write(Concat('Tu','r','bo.'))
```

```
FUNCTION Concat(s1,s2,...,sn: String): String
```

CONST

Reserviertes Wort

CONST Konstantenname = konstanter Wert
Die Konstanten-Vereinbarung wird durch CONST eingeleitet, um Konstantennamen feste Werte zuzuweisen. Auf eine Konstante wird später nur lesend zugegriffen.
Anstelle von 14 und 3.5 können Namen benutzt werden:

```
- CONST Mehrwertsteuersatz = 14; TreueRabatt = 3.5
```

CONST Typkonstantenname: Typ = Anfangswert

Eine Typkonstante (typed constant) wird als initialisierte Variable verwendet. In der CONST-Vereinbarung ordnet man jedem Namen einen Datentyp und Anfangswert zu, um später lesend wie schreibend zuzugreifen.
Bezeichnung als eine Variable, die später änderbar ist:

```
- CONST Bezeichnung: STRING[30] = 'Clematis'
```

Copy

String-Funktion

s := Copy(s0,p,n)
Aus String s0 ab Position p genau n Zeichen entnehmen und den Teilstring als Funktionsergebnis zurückgeben.
s0 als beliebiger Stringausdruck (Konstante, Variable).
p als Konstante/Variable vom Typ Integer bzw. Byte zwischen 1 und 255. Ist p größer als die Länge von s0, so wird '' als Leerstring zurückgegeben.
n als Konstante/Variable vom Typ Integer bzw. Byte zwischen 1 und 255.

Den Teilstring 'eis' am Bildschirm anzeigen:

```
- WriteLn(Copy('Wegweiser',5,3))
```

Der folgende Vergleichsausdruck ist immer True:

```
- IF Copy('griffbereit',200,3) = '' THEN ...
```

```
FUNCTION Copy(s:String; Position,Laenge:Integer): String
```

Cos

Arithmetische Funktion

r := Cos(RealAusdruck / Integer-Ausdruck)
Den Cosinus im Bogenmaß für den Ausdruck angeben.
Ausgabe von z.B. 2.71828:

```
- WriteLn('Cosinus von 1 ergibt: '),Cos(1.0))
```

```
FUNCTION Cos(r:Real): Real
FUNCTION Cos(i:Integer): Real
```

Crt

Standard-Unit

Die Unit Crt erweitert das DOS-Gerät Con und ermöglicht dem Benutzer die vollständige Kontrolle aller Ein- und Ausgaben. Wie alle Standard-Units ist auch Crt Bestandteil der Datei TURBO.TPL, die beim Systemstart automatisch geladen wird. Die Unit Crt umfaßt folgende Srachmittel zur Unterstützung der Ein-/Ausgabe auf niedriger Ebene:

Konstanten für TextMode: BW40=0 (sw 20*25), C40=1 (farbig 40*25), BW80=2 (sw 80*25), C80 (farbig 80*25), Mono=7 (sw 80*25, monochrom).
Konstanten für Vorder- und Hintergrundfarben: Black=0, Blue=1, Green=2, Cyan=3, Red=4, Magenta=5, Brown=6 und LightGray=7.
Konstanten für Vordergrundfarbe: DarkGrey=8, LightBlue=9, LightGreen=10, LightCyan=11, LightRed=12, LightMagenta=13, Yellow=14, White=15 und Blink=128.
Variablen: CheckBreak, CheckEoF, CheckSnow, DirectVideo, LastMode, TextAttr, WindMax und WindMin.
Prozeduren: AssignCrt, ClrEoL, CleScr, Delay, DelLine, GotoXY, HighVideo, InsLine, LowVideo, NormVideo, NoSound, ReadKey, RestoreCrt, Sound, TextColor, TextMode und Window.
Funktionen: KeyPressed, WhereX und WhereY.
In der Version 3 werden die meisten Möglichkeiten der Unit Crt standardmäßig bereitgestellt.

Die Unit Crt soll im Programm Demo1 benutzt werden:

```
- PROGRAM Demo1;
    USES Crt;
    VAR ...
```

CrtExit

E/A-Prozedur, 3

CrtExit
Den "Terminal Reset String" zum Bildschirm senden.

```
PROCEDURE CrtExit
```

CrtInit
E/A-Prozedur, 3

CrtInit
Den Terminal Initialization String zum Bildschirm senden, um den Bildschirm in den Standardzustand zu versetzen.

```
PROCEDURE CrtInit
```

CSeg DSeg SSeg
Speicher-Funktionen, 4

i1 := CSeg; i2 := DSeg; i3 := SSeg
Basisadresse des momentanen Codesegments, Datensegments bzw. Stacksegments als Word zurückgeben.

```
FUNCTION CSeg: Word
FUNCTION DSeg: Word
FUNCTION SSeg: Word
```

CSeg DSeg SSeg
Speicher-Funktionen, 3

Wie bei Version 4, aber mit Ergebnistyp Integer.

Dec
Ordinale Prozedur, 4

Dec(x,/,n/)
x als Variable ordinalen Typs um die Anzahl n erniedrigen. Fehlt n, so wird n=1 angenommen.
Die beiden folgenden Zuweisungen sind identisch:
- `Dec(Z,4); Z := Z - 4`

Delay
E/A-Prozedur, Crt

Delay(Millisekunden)
Eine Warteschleife erzeugen. Abweichung in Pascal 3.0: Integer anstelle von Word. Ungefähr fünf Sekunden warten:
- `Delay(5000)`

```
PROCEDURE Delay(Millisekunden: Word)
```

Delete
String-Prozedur

Delete(s,p,n)
Aus dem String s ab Position p genau n Zeichen löschen. s als Name einer Variablen vom Typ STRING. p als Konstante oder Variable vom Typ Integer bzw. Byte zwischen 1 und 255. Ist p größer als die Länge des Strings, so wird nichts gelöscht. n als Konstante oder Variable vom Typ Integer bzw. Byte zwischen 1 und 255. Ist n größer als die Länge des Strings, werden nur die String-Zeichen gelöscht.
String s1 := 'Wegweiser' zu 'Wegser' verkürzen:
- Delete(s1,4,3)

String s4 := 'griffbereit' zu 'griff' verkürzen:
- `Delete(s4,6,200)`

```
PROCEDURE Delete(VAR s:String; p,n:Integer)
```

DelLine

E/A-Prozedur, Crt

DelLine
Die Zeile löschen, in der der Cursor gerade steht. DelLine arbeitet relativ zum aktiven Fenster.
Bildschirmzeile 20 mit den Spalten 1 bis 70 löschen:

```
- Window(1,20,70,50); GotoXY(1,1); DelLine
```

```
PROCEDURE DelLine
```

DetectGraph

Grafik-Prozedur, Graph, 4)

DetectGraph(Treiber,Modus)
Den Grafiktreiber feststellen, um dann selbst einen bestimmten Modus zu setzen.
Den CGA-Modus setzen, wenn eine EGA-Karte verfügbar ist:

```
- DetectGraph(Treiber,Modus);
  IF Treiber=EGA THEN BEGIN
    Treiber:=CGA; Modus:=CGAHi END
```

```
PROCEDURE DetectGraph(VAR Treiber,Modus: Integer)
```

DirectVideo

E/A-Variable, Crt, 4

Festlegen, ob mit Write bzw. WriteLn direkt in den Bildspeicher geschrieben wird (Voreinstellung) oder nicht.

```
CONST DirectVideo: Boolean = True
```

DiskFree

Plattenstatus-Funktion, Dos, 4

i := DiskFree(LaufwerkNr)
Freien Speicherplatz für ein Laufwerk angeben. LaufwerkNr: 0=aktiv, 1=A:, 2=B:,... Festplattenlaufwerk prüfen:

```
- Write('In C: sind ',DiskFree(3) DIV 1024,' KB frei)
```

```
FUNCTION DiskFree(LaufwerkNr:Word): LongInt
```

DiskSize

Plattenstatus-Funktion, Dos, 4

i := DiskSize(LaufwerkNr)
Gesamtkapazität eines Laufwerks angeben. LaufwerkNr: 0=aktiv, 1=A:, 2=B:, 3=C:, ... Das Ergebnis -1 wird bei ungültiger LaufwerkNr zurückgegeben.

```
FUNCTION DiskSize(LaufwerkNr:Word): LongInt
```

Dispose

Heap-Prozedur

Dispose(Zeigervariable)
Den auf dem Heap für eine Zeigervariable reservierten Speicherplatz wieder freigeben.
Heap-Speicherplatz, auf den Zeiger p3 weist, freigeben:

```
- Dispose(p3)
```

```
PROCEDURE Dispose(VAR p: Pointer)
```

DIV

Arithmetischer Operator

i := IntegerAusdruck DIV IntegerAusdruck
Zwei Integer-Zahlen ganzzahlig dividieren. Siehe MOD. Bildschirmausgabe von 2 (Rest 6 mit MOD-Operator):

```
- WriteLn(20 DIV 7)
```

DO

Reserviertes Wort

DO Anweisung
Die auf DO folgende Anweisung (ggf. ein BEGIN-END-Verbund) ausführen (siehe FOR, WHILE und WITH).

Dos

Standard-Unit, 4

Die Unit Dos stellt die Schnittstelle zum Betriebssystem dar. In dieser Unit sind alle DOS-bezogenen Sprachmittel zusammengefaßt.
Flag-Konstanten: FCarry = $0001, FParity = $0004, FAuxiliary = $0010, FZero = $0040, DSign = $0080, FOverflow = $0800.
Konstanten zum Öffnen und Schließen von Dateien: fmClosed = $d7b0, fmInput = $d7B1, fmOutput = $D7B2, fmInOut = $D7B3.
Record-Typen FileRec und TextRex sowie Arraytyp TextBuf zur Speicherung von Dateivariablen.
Dateiattribut-Konstanten: ReadOnly = $01, Hidden = $02, SysFile = $04, VolumeID = $08, Directory = $10, Archive = $20, AnyFile = $3F.

```
TYPE Registers = RECORD CASE Integer OF
  0: (AX,BX,CX,DX,BP,SI,DI,DS,ES,Flags: Word);
  1: (AL,AH,BL,BH,CL,CH,DL,DH: Byte) END.
TYPE DateTime = RECORD
          Year,Month,Day,Hour,Min,Sec: Integer END.
TYPE SearchRec = RECORD Fill: ARRAY[1..2] OF Byte;
   Attr:Byte; Time,Size:LongInt; Name:STRING[12] END.
VAR DosError: Integer.
```

Interrupt-Prozeduren: GetIntVec, Intr, MSDos, SetIntVec.
Datum-Prozeduren: GetDate, GetFTime, GetTime, PackTime, SetDate, SetFTime, SetTime, UnpackTime.
Plattenstatus-Funktionen: DiskFree, DiskSize.
Dateieintrag-Funktionen: FindFirst, FindNext, GetFAttr, SetFAttr.
Prozeß-Funktion: DosExitCode.
Prozeß-Prozeduren: Exec, Keep.

DosError

E/A-Variable, Dos, 4

Variable zur Übergabe folgender Fehlercodes bei den Routinen der Unit Dos: 0 = fehlerfrei, 2 = Datei nicht gefunden, 3 = Suchweg nicht gefunden, 5 = Zugriff verweigert, 6 = Handle ungültig, 8 = RAM zu klein, 10 = Umgebung ungültig, 11 = Befehlsformat falsch, 18 = keine weiteren Dateieinträge.

```
CONST DosError: Integer = 0
```

DosExitCode

Prozeß-Funktion, Dos, 4

DosExitCode
Exit-Code eines als Unterprozeß gestarteten Programms liefern. Niederwertige Ergebnisbyte 0 (normales Ende) bzw. ungleich 0 (Ende über Halt usw.). Höherwertiges Ergebnisbyte 0 (normal), 1 (Ctrl-C oder Ctrl-Break), 2 (Gerätefehler) oder 3 (Keep).

```
FUNCTION DosExitCode: Word
```

Double

Standard-Datentyp, 4

VAR Variablenname: Double
Real-Datentyp mit einem Wertebereich von 5.0*E-324 bis 1.7*10E+308 und einer Genauigkeit von 15-16 Stellen. Es wird ein numerischer Coprozessor vorausgesetzt.

DOWNTO

Reserviertes Wort

FOR ... DOWNTO ...
Zähler um jeweils 1 vermindern. Siehe FOR-Schleife.

Draw

Grafik-Prozedur, Graph3

Draw(x1,y1,x2,y2,Farbe)
Eine Linie vom Punkt (x1,y1) zum Punkt (x2,y2) zeichnen bzw. - falls Hintergrundfarbe eingestellt - löschen. Farbe mit 0-3 gemäß aktiver Palette (GraphColorMode), -1 gemäß ColorTable bzw. gesetzter Farbe (HiResColor).

```
PROCEDURE Draw(x1,y1, x2,y2, Farbe: Integer)
```

DrawPoly

Grafik-Prozedur, Graph, 4

DrawPoly(AnzahlPunkte,Eckpunkte)
Den Umriß eines Polygons zeichnen. AnzahlPunkte gibt die Anzahl der Koordinaten an. Eckpunkte als untypisierter Parameter (siehe PointType-Typ in Unit Graph) enthält die Koordinaten.

```
PROCEDURE DrawPoly(AP:Word; VAR Eckpunkte)
```

DSeg

Speicher-Funktion

i := DSeg
Adresse des Datensegments angeben. Siehe CSeg. Der von DSeg gelieferte Inhalt des Prozessor-Registers DS beinhaltet die Adresse des Segments, in dem die globalen Variablen stehen:

```
- WriteLn(DSeg,':0000 als Startadresse');
  WriteLn('der globalen Variablen des Programms.')
```

```
FUNCTION DSeg: Word
```

Edit

Turbo-Menü

Über den Befehl Edit wird der Editor aufgerufen und über F10 (nicht bei Pascal 3.0) oder Strg-KD verlassen. Wichtige Block-Operationen sind: Blockanfang Strg-KB, Blockende Strg-KK, Kopieren Strg-KC, Verschieben Strg-KV, Löschen Strg-KY, Einlesen Strg-KR, Schreiben Strg-KW, Verdecken- Anzeigen Strg-KH, Drucken Strg-KP und Unterbrechen Strg-U.

Ellipse

Grafik-Prozedur, Graph, 4

Ellipse(x,y,StartWinkel,EndWinkel,XRadius,YRadius)
Einen elliptischen Kreisausschnitt mit dem Horizontalradius XRadius und dem Vertikalradius YRadius zeichnen (Winkelangaben siehe Circle).

```
PROCEDURE Ellipse(x,y:Integer; W1,W2,R1,R2: Word)
```

ELSE

Reserviertes Wort

Zweiseitige Auswahl. Siehe Anweisung IF-THEN-ELSE.

END

Reserviertes Wort

Eine mit PROGRAM, PROCEDURE, RECORD, UNTIL, CASE bzw. BEGIN (Block, Verbund) eingeleitete Struktur beenden.

EoF

Datei-Funktion

b := EoF(Dateivariable)
Die Boolesche EoF-Funktion ergibt True, sobald der Dateizeiger auf das Ende der Datei (d.h. hinter den letzten Eintrag) bewegt wird. EoF gilt für alle Dateitypen (FILE OF, FILE, TEXT). Das Dateiende wird durch !26 bzw. $1A gekennzeichnet.
Wiederholung, solange das Dateiende nicht erreicht ist:

```
-  WHILE NOT EoF(TelFil) DO ...
```

Boolesche Kontrollvariable:

```
-  DateiendeErreicht := EoF(ArtikelFil)
```

```
FUNCTION EoF(VAR f: File): Boolean
```

EoLn

Datei-Funktion

b := EoLn(Textdateivariable)
Die Boolesche Funktion ergibt True, sobald der Dateizeiger auf das Zeilenende einer Textdatei bewegt wird. Ist EoF True, wird auch EoLn auf True gesetzt.
Zeilenendekennzeichen ist CRLF, !1310 bzw. $0D0A.

```
-  IF EoLn(Brief) THEN ...
```

```
FUNCTION EoLn(VAR f:Text): Boolean
```

Erase

Datei-Prozedur

Erase(Dateivariable)
Eine zuvor mittels Close geschlossene Datei von Diskette entfernen und das Inhaltsverzeichnis aktualisieren.

```
- Erase(TelFil)
```

```
PROCEDURE Erase(VAR f:File)
```

Exec

Prozeß-Prozedur, Dos, 4

Exec(Pfad,Parameter)
Ein Programm aus einem anderen Programm heraus starten und ausführen. Pfad enthält den Programmnamen. Optional können Kommandozeilen-Parameter übergeben werden (Exec entspricht Execute von Pascal 3.0).

```
-       Write('Name? '); ReadLn(Programmname);
        Write('Parameter? '); ReadLn(Kommandozeile);
        Exec(Programmname,Kommandozeile);
        WriteLn('... wieder im rufenden Programm ...');
```

```
PROCEDURE Exec(Pfad,Parameter: String)
```

Execute

Prozeß-Prozedur, 3

Execute(Dateivariable)
Von einem laufenden Pascal-Programm aus ein anderes Pascal-Programm aufrufen und ausführen (siehe Main). Das gerufene Programm muß eine COM-Datei sein:

```
-   VAR TreiberFil: FILE;
    BEGIN
      Assign(TreiberFil,'Menue.COM'); ....;
      Execute(TreiberFil)
```

```
PROCEDURE Execute(VAR f: File)
```

Exit

Anweisung

Exit
Den aktuellen Anweisungsblock verlassen. Verwendung insbesondere zur Ausnahmefallbehandlung.
REPEAT als "Endlosschleife" über Exit verlassen:

```
-   REPEAT
      ...
      IF SchleifeBeenden THEN Exit;
      ...
    UNTIL False
```

```
PROCEDURE Exit
```

ExitProc

Standard-Variable, 4

Globale Zeigervariable, über die bei jedem Programmende (normal, Halt, Laufzeitfehler) ein Aufruf stattfindet. Durch Zuweisung kann der Benutzer seine eigene Exit-Prozedur definieren.

```
VAR ExitProc: Pointer
```

Exp

Arithmetische Funktion

r := Exp(RealAusdruck)
Den Exponenten "e hoch ..." angeben(siehe Funktion Ln). e hoch 1 ergibt 2.7182818285 als Zahl e aus:

```
- WriteLn('Zahl e ist: ',Exp(1.0))
```

```
FUNCTION Exp(r: Real): Real
```

Extended

Standard-Datentyp, 4

Var Dateiname: Extended
Real-Datentyp mit einem Wertebereich von 1.9*E-4951 bis 1.1*E+4932 und einer Genauigkeit von 19-20 Stellen. Es wird ein numerischer Coprozessor vorausgesetzt.

EXTERNAL

Reserviertes Wort

PROCEDURE Name(Parameterliste); EXTERNAL;
Ein in Maschinensprache geschriebener Unterablauf (FUNCTION, PROCEDURE) kann getrennt compiliert und dann über EXTERNAL in das Programm eingebunden (gelinkt) werden. EXTERNAL eignet sich zum Einbinden von umfangreichem Maschinencode, INLINE hingegen für kleinere Routinen.

False

Standard-Konstante

b := False
Mit False (unwahr) definierte Boolean-Konstante.

FILE

Datenstruktur

VAR Dateiname: FILE
Durch FILE wird eine nichttypisierte Datei vereinbart, die unstrukturiert ist, d.h. weder in Textzeilen (Dateityp TEXT) noch in gleichlange Datensätze (Dateityp FILE OF) unterteilt ist. Eine FILE-Datei benötigt auch keinen Pufferspeicher. Prozeduren Assign, Reset, Rewrite und Close zum Öffnen bzw. Schließen. Prozeduren BlockRead und BlockWrite zum blockweisen Zugriff.
Dateivariable namens SehrGrosseDatei unstrukturiert:

```
- VAR SehrGrosseDatei: FILE
```

File

Turbo-Menü, 4

Der Befehl File stellt über ein Rolladenmenü alle Befehle zum Zugriff auf Festplatte bzw. Diskette zur Verfügung.
Load-Befehl zum Laden bzw. Erzeugen einer Datei.
Pick-Befehl zum Auswählen der maximal 8 zuletzt bearbeiteten Dateien.
New-Befehl zum Löschen der aktiven Datei im Edit-Fenster.
Save-Befehl zum Speichern der aktiven Datei im Edit-Fenster auf Diskette oder Festplatte.
Write to-Befehl zum Speichern wie mit Save, jedoch unter einem anderen Dateinamen.

Directory-Befehl zum Anzeigen des Inhaltsverzeichnisses von Diskette bzw. Festplatte (Dateigruppenzeichen "*" und "?" möglich).
Change dir-Befehl zum Einstellen eines neuen Suchweges.
OS shell-Befehl zum Wechseln in die Betriebssystem-Ebene von MS-DOS (Rückkehr mittels Exit).
Quit-Befehl zum Verlassen der Turbo Pascal-Ebene.

FILE OF

Datenstruktur

VAR Dateiname: FILE OF Komponententyp
Eine durch FILE OF vereinbarte typisierte Datei besteht aus Komponenten bzw. Datensätzen, die alle den gleichen Typ und damit die gleiche Länge aufweisen. In der kaufmännischen DV überwiegen Datensätze aus Record-Typen.
Prozeduren zur Dateibearbeitung: Assign, Reset, Rewrite, Read, Flush, Seek, Write und Close.
Funktionen zur Dateibearbeitung: EoF, FilePos, FileSize und IOResult.
Artikeldatei mit Sätzen vom Record-Typ Artikelsatz:

```
- VAR Artikeldatei: FILE OF Artikelsatz
```

FileMode

Standard-Variable, 4

Variable zum Festlegen der Zugriffsberechtigungen, mit denen sowohl typisierte als auch untypisierte Dateien zu öffnen sind.

FilePos

Datei-Funktion

i := FilePos(Dateivariable)
Die Nummer des Datensatzes anzeigen, auf den der Dateizeiger einer geöffneten Direktzugriffdatei gerade zeigt. In Pascal 3.0: Ergebnistyp Integer anstelle von LongInt.
Die erste Datensatznummer (Integer-Typ) ist immer 0:

```
- IF FilePos(TelFil) = 0
    THEN WriteLn('Dateizeiger auf Satz 0 als 1. Satz')
- AltuellerSatz := FilePos(TelFil)
```

```
FUNCTION FilePos(VAR f: File): LongInt
```

FileSize

Datci Funktion

i := FileSize(Dateivariable)
Die Anzahl der Datensätze einer Direktzugriffdatei als LongInt-Wert (in Pascal 3.0: Integer-Wert) angeben.
Nach dem Anlegen einer Datei meldet FileSize stets 0:

```
- Rewrite(TelFil)
  WriteLn('Leerdatei mit ',FileSize(TelFil),' Sätzen.')
```

```
FUNCTION FileSize(VAR f:File): LongInt
```

FillChar

Speicher-Prozedur

FillChar(Zielvariable, AnzahlZeichen, Zeichen)
Einer Zielvariablen (einfacher Typ, Array- oder Recordkomponenten) bestimmte Zeichen zuordnen. Ist die AnzahlZeichen zu groß, wird der an die Variable anschließende Speicher überschrieben. Der Wert des angegebenen Zeichens (Byte- oder Char-Typ) muß zwischen 0 und 255 liegen (in Pascal 3.0: Ziel und n vom Integer-Typ).
Die Stringvariable Name mit 60 '='-Zeichen füllen.

```
- VAR Name:STRING[60];
  BEGIN FillChar(Name,SizeOf(Name),'=')
```

```
PROCEDURE FillChar(VAR Ziel,n: Word, Daten: Byte)
PROCEDURE FillChar(VAR Ziel,n: Word, Daten: Char)
```

FillPattern

Grafik-Prozedur, Turbo3

FillPattern(x1,y1, x2,y2, Farbe)
Einen durch die Eckpunkte x1,y1 (links oben) und x2,y2 (rechts unten) begrenzten Bereich mit dem über die Prozedur Pattern definierten Muster füllen. Bitwert 1 erscheint in der angegebenen Farbe (0-3 gemäß Palette bei GraphColorMode, -1 bei ColorTable bzw. HiResColor-Farbe bei HiRes), Bitwert 0 bleibt unsichtbar.
In der Variablen Must4 abgelegtes Muster fÜllen:

```
- Pattern(Must4); FillPattern(0,0,319,199,2)
```

```
PROCEDURE FillPattern(x1,y1,x2,y2,Farbe: Integer)
```

FillPoly

Grafik-Prozedur, Graph, 4

FillPoly(AnzahlPunkte,Eckpunkte)
Ein ausgefülltes Polygon zeichnen. AnzahlPunkte gibt die Anzahl der Koordinaten an. Eckpunkte als untypisierter Parameter enthält die Koordinaten.

```
PROCEDURE FillPoly(AnzahlPunkte:Word; VAR Eckpunkte)
```

FillScreen

Grafik-Prozedur, Graph3

FillSreen(Farbe)
Das aktive Bildschirmfenster mit einer Farbe (0-3 gemäß Palette bei GraphColorMode, -1 bei ColorTable bzw. HiResColor-Farbe bei HiRes) füllen.

```
PROCEDURE FillSreen(Farbe: Integer)
```

FillShape

Grafik-Prozedur, Graph3

FillShape(x,y, FüllFarbe, RandFarbe)
Einen durchgehend von Linie, Rechteck, Kreis usw. eingegrenzten Bereich mit den angegebenen Farben (0-3 gemäß Palette bei GraphColorMode, mit HiResColor eingestellte Farbe bei HiRes) füllen.

```
PROCEDURE FillShape(x,y,Farbe1,Farbe2: Integer)
```

FindFirst

Dateieintrag-Funktion, Dos, 4

FindFirst(Dateiname,Dateiattribut,Ergebnis)
Im Directory nach dem ersten Vorkommen eines Dateinamens suchen und diesen Namen in Ergebnis bereitstellen. Die Dateiattribut-Konstanten sind unter Dos angegeben. Ergebnis hat den in Dos definierten SearchRec.Typ.
Den Namen der ersten PAS-Datei mit dem Attribut Archive suchen:

```
- VAR Erg: SearchRec;
  BEGIN
    FindFirst('*.PAS',Archive,Erg); WriteLn(Erg.Name)
```

```
PROCEDURE FindFirst(N:String; A:Byte;
                    VAR E:SearchRec)
```

FindNext

Dateieintrag-Funktion, Dos, 4

FindNext(Ergebnis)
Im Directory eine mit FindFirst gestartete Suche fortsetzen und Variable DosError auf 18 setzen, falls kein weiterer Dateieintrag gefunden wird.

```
PROCEDURE FindNext(VAR Ergebnis:SearchRec)
```

FloodFill

Grafik-Prozedur, Graph, 4

FloodFill(x,y,Randfarbe)
Einen von der angegebenen Randfarbe begrenzten Bereich vom Punkt (x,y) ausgehend mit dem aktiven Muster füllen. Beispiel siehe InitGraph.

```
PROCEDURE FloodFill(x,y,Randfarbe: Word)
```

Flush

Datei-Prozedur

Flush(Dateivariable)
Den Inhalt des im RAM befindlichen Dateipuffers auf den Externspeicher ablegen (erzwungene Ausgabe).

```
PROCEDURE Flush(VAR f:Text)
```

FOR-DO

Anweisung

FOR Zahler := Anf TO/DOWNTO Ende DO Anweisung
Eine Zählerschleife kontrollieren: Anweisung(sblock) hinter DO wiederholen, bis der Endwert der Zählervariablen erreicht ist. Die Zählervariable wird jeweils um 1 erhöht (TO) oder vermindert (DOWNTO). Die Zählervariable und die Ausdrücke für Anfangs- und Endwert müssen vom gleichen ordinalen Datentyp sein (Real nicht erlaubt). Der Zählervariablen darf im Anweisungsblock kein Wert zugewiesen werden.
Neun Elemente von Array Umsatz ausgeben:

```
- FOR Index := 1 TO 9 DO WriteLn(Umsatz[Index])
```

Diese Schleife wird kein einziges Mal durchlaufen:

```
- FOR i := 77 TO 0 DO BEGIN s:=s+2; a:=a-3 END
```

Variable Tag vom Aufzähltyp (Mo,Di,Mo,Don,Fr,Sa):

```
- FOR Tag := Fr DOWNTO Mo DO BEGIN ... END
```

FORWARD

Reserviertes Wort

PROCEDURE Prozedurkopf; FORWARD
Das Wort FORWARD schreibt man anstelle des Prozedurblocks, um eine Prozedur aufzurufen, bevor ihr Anweisungsblock vereinbart worden ist. Siehe PROCEDURE und FUNCTION.
Für Demo wird zuerst nur der Prozedurkopf vereinbart:

```
- PROCEDURE Demo(VAR r:Real); FORWARD
```

Später folgt der Anweisungsblock (die Parameterliste wird nun weggelassen):

```
- PROCEDURE Demo; BEGIN ... END;
```

ForWd

Turtle-Prozedur, Graph3

Forwd(PixelAnzahl)
Die Turtle von der aktuellen Position um die angegebene PixelAnzahl nach vorne (+) bzw. zurück (-) bewegen.

```
PROCEDURE Forwd(Anzahl: Integer)
```

Frac

Arithmetische Funktion

r := Frac(IntegerAusdruck / RealAusdruck)
Den Nachkommateil bzw. Dezimalrestteil des Ausdrucks angeben. Das Ergebnis ist in jedem Fall Real!
2.445-Int(2.445) ergibt 0.2445 und ist identisch mit:

```
- WriteLn(Frac(2.445))
```

```
FUNCTION Frac(i:Integer): Real
FUNCTION Frac(r:Real): Real
```

FreeMem

Heap-Prozedur

FreeMem(Zeigervariable, AnzahlBytes)
Den über die Prozedur GetMem reservierten Speicherplatz auf dem Heap wieder freigeben. Die AnzahlBytes von FreeMem und GetMem müssen exakt gleich sein (in Pascal 3.0: Integer-Typ anstelle des Word-Typs).

```
PROCEDURE FreeMem(VAR p:Pointer; Bytes:Word)
```

FreeMin

Standard-Variable, 4

Minimalgröße des freien Speicherbereichs zwischen HeapPtr und FreeList einstellen.
Fragmentliste soll mindestens 500 Einträge aufnehmen:

```
- FreeMin := 4000; {da 8 Bytes/Eintrag}
```

FreePtr

Standard-Variable, 4

Obergrenze des freien Speicherplatzes auf dem Heap anzeigen (dazu ist $1000 zum Offset von FreePtr zu addieren). FreePtr zeigt auf die Startadresse der Fragmentliste, die als Array aus Records vereinbart ist:

```
- TYPE
    FreeRec = RECORD
                  OrgPtr,EndPtr: Pointer
              END;
    FreeList = ARRAY[0..8190] OF FreeRec;
  VAR FreePtr: ^FreeList;
```

FUNCTION

Reserviertes Wort

FUNCTION Funktionsname /(Parameterliste)/: Typname;
/Vereinbarungen/
BEGIN
...
END

Mit dem Wort FUNCTION wird die Vereinbarung einer Funktion eingeleitet, die (wie die Prozedur) durch ihren Namen aufgerufen wird und (anders als die Prozedur) einen Wert als Funktionsergebnis zurückgibt. Aus diesem Grunde kann eine Funktion nur in einem Ausdruck aufgerufen werden. Dem Funktionsnamen muß in der Funktion ein Wert zugewiesen werden.

Vereinbarung einer Boolean-Funktion namens GrosseZahl:

```
- FUNCTION GrosseZahl(Wert:Real): Boolean;
    CONST ObereGrenze = 20000.0;
    BEGIN
      GrosseZahl := Wert>ObereGrenze
    END
```

Beispiel für einen Aufruf der Funktion GrosseZahl:

```
- IF GrosseZahl(Betrag) THEN Write('... bitte zahlen.')
```

Externe Funktion über EXTERNAL:

```
- FUNCTION AusgStart:Boolean; EXTERNAL 'IO'
```

FORWARD-Vereinbarung wie bei PROCEDURE:

```
- FUNCTION Fe(VAR r:Real): Boolean; FORWARD
```

GetArcCoords

Grafik-Prozedur, Graph, 4

GetArcCoords(Daten)

Daten zum letzten Aufruf der Prozedur Arc angeben:

```
- TYPE ArcCoordsType = RECORD
      x,y: Integer; {Mittelpunkt}
      Xs,Ys: Integer; {Startpunkt}
      Xend,Yend; {Endpunkt}
    END

PROCEDURE GetArcCoords(VAR Daten: ArcCoordsType)
```

GetAspectRatio

Grafik-Procedur, Graph, 4

GetAspectRatio(XAspekt,YAspekt)

Physikalisches Höhen-/Seitenverhältnis des Bildschirms angeben.

Höhe y für ein Quadrat mit Breite x zuweisen:

```
- GetAspectRation(XAsp,YAsp);
  y := Round(x * XAsp/YAsp)

PROCEDURE GetAspectRatio(VAR X,Y: Word)
```

GetBkColor
Grafik-Funktion, Graph, 4)

w := GetBkColor
Die aktive Hintergrundfarbe als Nummer des Eintrags in der Farbpalette angeben (0 als erster Eintrag).

```
FUNCTION GetBkColor: Word
```

GetColor
Grafik-Funktion, Graph, 4

w := GetColor

Die aktive Zeichenfarbe als Nummer des Eintrags in der Farbpalette angeben. Farben siehe Unit Graph.

```
FUNCTION GetColor: Word
```

GetDate
Datum-Prozedur, Dos, 4

GetDate(Jahr,Monat,Tag,Wochentag)
Das aktuelle Kalenderdatum ermitteln.

```
PROCEDURE GetDate(VAR J,M,T,W: Word)
```

GetDir
Datei-Prozedur

GetDir(Laufwerknummer,Pfadvariable)
Das aktuelle Laufwerk bzw. aktuelle Directory in der Pfadvariablen bereitstellen. Laufwerknummer 0=aktiv, 1=A:, 2=B: usw. Pfadvariable mit dem Ergebnisformat "Laufwerk:Pfadname".
Den derzeit eingestellten Pfad in Laufwerk B: ermitteln:

```
-   GetDir(2,AktuellerPfad)
```

```
PROCEDURE GetDir(Laufwerk:Integer; VAR Pfad:String)
```

GetDotColor
Grafik-Funktion, Graph3

GetDotColor(x,y)
Die Farbnummer (0-3 bei 320*200-Grafik, 0-1 bei 640*200-Grafik) des jeweiligen Punktes ermitteln.

```
FUNCTION GetDotColor(x,y: Integer): Integer
```

GetFAttr
Dateieintrag-Funktion, Dos, 4

GetFAttr(Dateivariable,Dateiattribut)
Die Dateiattribute (siehe Unit Dos) einer Datei angeben.
Den Dateinamen als 1. Kommandozeilenparameter nennen:

```
-   Assign(TelFil,ParamStr(1));
    GetFAttr(TelFil,Attri);
    IF Attri AND ReadOnly<>0 THEN Write('Schreibschutz');
    IF Attri AND Archive<>0 THEN Write('Normale Datei')
```

```
PROCEDURE GETFAttr(VAR f:File; VAR Attribut:Word)
```

GetFillSettings
Grafik-Prozedur, Graph, 4

GetFillSettings(DatenZumFüllmuster)
Daten zum aktiven Füllmuster angeben mit folgendem Typ:

```
- TYPE FillSettingsType = RECORD
    Pattern: Word; {Bitmuster der Flächenfüllung}
    Color: Word {Farbnummer 0 - 15}
  END
```

```
PROCEDURE GetFillSettings(VAR D:FillSettingsType)
```

GetFTime
Datum-Prozedur, Dos, 4

GetFTime(Dateivariable,Zeit)
Zeit seit der letzten Dateiänderung angeben.

```
PROCEDURE GetFTime(VAR f:File; Zeit:LongInt)
```

GetGraphMode
Datei-Funktion, Graph, 4

i := GetGraphMode
Die Nummer des aktiven Grafikmodus (Konstanten siehe Unit Graph) im Bereich 0-3 angeben.

```
FUNCTION GetGraphMode: Integer
```

GetImage
Grafik-Prozedur, Graph, 4

GetImage(Xlinks,Ylinks,Xrechts,Yrechts,Puffer)
Einen rechteckigen Bildausschnitt in die Puffervariable als untypisierten Parameter kopieren.

```
PROCEDURE GetImage(x1,y1,x2,y2: Word; VAR Puffer)
```

GetIntVec
Interrupt-Prozedur, Dos, 4

GetIntVec(VektorNummer,Vektor)
Den Inhalt des Interrupt-Vektors ermitteln.

```
PROCEDURE GetIntVec(VNr: Byte; VAR v: Pointer)
```

GetLineSettings
Grafik-Prozedur, Graph, 4

GetLineSettings(ParameterVonSetLineStyle)
Die Parameter des letzten Aufrufs von SetLineStyle ermitteln (der Typ LineSettingsType ist in Unit Graph definiert).

```
PROCEDURE GetLineSettings(VAR Par: LineSettingsType)
```

GetMaxX
Grafik-Funktion, Graph, 4

w := GetMaxX
Die maximal mögliche X-Koordinate des Bildschirms angeben.

```
FUNCTION GetMaxX: Word
```

GetMaxY
Grafik-Funktion, Graph, 4

w := GetMaxY
Die maximal mögliche Y-Koordinate des Bildschirms angeben, d.h. die Koordinate des unteren Bildschirmrandes.

```
FUNCTION GetMaxY: Word
```

GetMem
Heap-Prozedur

GetMem(Zeigervariable, AnzahlBytes)
Auf dem Heap eine exakt genannte Anzahl von Bytes reservieren. Der belegte Speicherplatz kann über FreeMem wieder freigegeben werden. Im Gegensatz zu GetMem richtet sich der durch New reservierte Speicherplatz nach dem jeweiligen Datentyp. Abweichung in Pascal 3.0: der Integer-Typ ersetzt den Word-Typ.

```
PROCEDURE GetMem(VAR p:Pointer; Bytes:Word)
```

GetPalette
Grafik-Prozedur, Graph, 4

GetPalette(Palette)
In der Variablen Palette über die aktive Farb-Palette gemäß der Vereinbarung in Unit Graph informieren.

```
PROCEDURE GetPalette(VAR Palette: PaletteType)
```

GetPic
Grafik-Prozedur, Graph3

GetPic(PufferVariable, x1,y1,x2,y2)
Den durch die Eckpunkte x1,y1 (links oben) und x2,y2 (rechts unten) begrenzten Rechteckbereich des Grafikbildschirms in einer Variablen speichern (siehe PutPic).

```
PROCEDURE GetPic(VAR a: Array OF Byte; x1,y1,x2,y2: Integer)
```

GetPixel
Grafik-Funktion, Graph, 4

GetPixel(x,y)
Aktive Farbe eines Pixels angeben.

```
PROCEDURE GetPixel(x,y: Integer)
```

GetTextSettings
Grafik-Prozedur, Graph, 4

GetTextSettings(TextParameter)
Die mit SetTextStyle und SetTextJustify gesetzten Parameter in der Variablen Par angeben (TextSettingsType siehe Graph).

```
PROCEDURE GetTextSettings(VAR Par: TextSettingsType)
```

GetTime Datum-Prozedur, Dos, 4

GetTime(Stunde,Minute,Sekunde,Sekunde/100)
Die Systemzeit im Format (0..23,0..59,0..59,0.99) angeben.

```
PROCEDURE GetTime(VAR Std,Min,Sek,HundertstelSek:Word)
```

GetViewSettings Grafik-Prozedur, Graph, 4

GetViewSettings(FensterDaten)
Begrenzung des Zeichenfensters und den Wert der Clip-Funktion (aktiv = True) angeben (ViewPortType siehe Init Graph).

```
PROCEDURE GetViewSettings(VAR Daten: ViewPortType)
```

GetX Grafik-Funktion, Graph, 4

i := GetX
Die X-Koordinate des Grafik-Cursors relativ zum aktiven Zeichenfenster angeben. In RelativPos steht 10, während die absolute Position 30 beträgt (durch GetViewSettings zu ermitteln):

```
- SetViewPort(20,20,100,100,ClipOff);
  MoveTo(10,10)
  RelativPos := GetX;
```

```
FUNCTION GetX: Integer
```

GetY Grafik-Funktion, Graph, 4

i := GetY
Y-Koordinate des Cursors relativ zum aktiven Fenster angeben.

```
FUNCTION GetY: Integer
```

GOTO Anweisung

GOTO Marke
Die Programmausführung ab der angegebenen Marke (Sprungmarke) fortsetzen. Marke und GOTO müssen im gleichen Block sein. Die Kontrollstrukturen und die Exit-Prozedur machen GOTO überflüssig. Siehe LABEL-Vereinbarung.
Zur Fehlerbehandlungsroutine ab Fehler: springen.

```
- GOTO Fehler;
  ...
  Fehler: Anweisung
```

GotoXY Bildschirm-Prozedur

GotoXY(Rechts,Runter)
Den Text-Cursor auf Spalte 1-80 (nach rechts) und Zeile 1-25 (nach unten) relativ zum aktiven Textfenster positionieren.
Cursor in die rechte untere Bildschirmecke positionieren:

```
- GotoXY(80,25)
```

```
PROCEDURE GotoXY(x,y: Byte)
```

Die Unit Graph stellt ein Grafikpaket mit folgenden Konstanten, Typen, Variablen, Prozeduren und Funktionen bereit:
Grafiktreiber-Konstanten zum Laden eines Grafiktreibers durch InitGraph: Detect = 0 (automatische Erkennung), CGA = 1, MCGA = 2, EGA = 3, EGA64 = 4, EGAMono = 5, Reserved = 6, HercMono = 7, ATT400 = 8, VGA = 9, PC3270 = 10.
Grafikmodus-Konstanten, die durch InitGraph gesetzt werden: CGAC1 = 0, CGAC2 = 1, CGAHi = 2, MCGAC1 = 0, MCGAC2 = 1, MCGAMed = 2, MCGAHi = 3, EGALo = 0, EGAHi = 1, EGA64Lo = 1, EGA64Hi = 1, EGAMonoHi = 3, HercMonoHi = 0, ATT400C1 = 0, ATT400C2 = 1, ATT400Med = 2, Att400Hi = 3, VGALo = 0, VGAMed = 1, VGAHi = 2, VGAHi2=3, PC3270Hi=0.

Ergebniscode-Konstanten von GraphResult: grOK = 0, grNoInitGraph = -1, grNotDetected = -2, grFileNotFound = -3, grInvalidDriver = -4, grNoLoadMem = -5, grNoS-canMem = -6, grNoFloodMem = -8, grNoFontMem = -9, grInvalidMode = -10, grError = -11, grIOError = -12, grInvalidFont = -13, grInvalidFontNum = -14, grInvalig-DeviceNum = -15.
Farbe-Konstanten für SetPalette und SetAllPalette: Black = 0, Blue = 1, Green = 2, Cyan = 3, Red = 4, Magenta = 5, Brown = 6, LightGray = 7, DarkGray = 8, LightBlue = 9, LightGreen = 10, LightCyan = 11, LightRed = 12, LightMagenta = 13, Yellow = 15, While = 15.
Farbanzahl-Konstante: MaxColors = 15.
Linien-Konstanten für Get/SetLineStyle: SolidLn = 0, DottedLine = 1, CenterLn = 2, DashedLn=3, UserBitLn=4.

Linienbreite-Konstanten: NormWidth=1, ThickWidth=3.
Text-Konstanten für Set/GetTextStyle: DefaultFont = 0, TriplexFont = 1, SmallFont = 2, SansSerifFont = 3, GothicFont = 4, HorizDir = 0, VertDir = 1, NormSize = 1.
Clipping-Konstanten (Linien abschneiden): ClipOn = True, ClipOff = False.
Konstanten für Bar3D: TopOn = True, TopOff = False.
Füllmuster-Konstanten für Get/SetFillStyle: EmptyFill = 0, SolidFill = 1, LineFill = 2, LtSlashFill = 3 {///}, Slash-Fill = 4, BkSlashFill = 5 {\\\}, LtBkSlashFill = 6, Hatch-Fill = 7, XHatchFill = 8, InterleaveFill = 9, WideDotFill = 10, CloseDotFill = 11, UserFill = 12.
Bit-Block-Tranfer-Konstanten für PutImage: NormalPut = 0 {MOV}, XORPut = 1, OrPut = 2, AndPut=3, NotPut=4.

Justierungs-Konstanten für SetTextJustify: LeftText = 0, CenterText = 1, RightText = 2, BottomText = 0, Center-Text = 1, TopText = 2.
Acht definierte Typen:
PaletteType = Record Size: Byte; Colors: ARRAY[0..MaxColors] OF ShortInt END.
LineSettingsType = RECORD LineStyle, Pattern, Thickness: Word End.
TextSettingsType = RECORD Font, Direction, CharSize, Horiz, Vert: Word END.
FillSettingsType = RECORD Pattern, Color: Word End.
FillPatternType = ARRAY[1..8] OF Byte {Muster benutzerdef.}.
PointType = RECORD X,Y: Word END.

ViewPortType = RECORD x1,y1,x2,y2:Word; Clip:Boolean END.
ArcCoordsType = RECORD X,Y,Xs,Ys,Xend,Yend: Word END.
Zeigervariablen GraphGetMemPtr (zeigt auf GraphGetMem) und GraphFreeMemPtr (zeigt auf GraphFreeMem).
Prozeduren: Arc, Bar, Bar3D, Circle, ClearDevice, ClearViewPort, CloseGraph, DetectGraph, DrawPoly, Ellipse, FillPoly, FloodFill, GetArcCoords, GetAspectRatio, GetFillSettings, GetImage, GetLineSettings, GetPalette, GetTextSettings, GetViewSettings, GraphGetMem, GraphFreeMem, InitGraph, Line, LineRel, LineTo, MoveRel, MoveTo, OutText, OutTextXY, PieSlice, PutImage, PutPixel, Rectangle, RestoreCrt, RestoreCrtMode, SetActivePage, SetAllPalette, SetBkColor, SetColor, SetFillPattern, SetFillStyle, SetGraphMode, SetLineStyle, SetPalette, SetTextJustify, SetTextStyle, SetViewPort, SetVisualPage.
Funktionen: GetBkColor, GetColor, GetGraphMode, GetMaxX, GetMaxY, GetPixel, GetX, GetY, GraphErrorMsg, GraphResult, ImageSize, TextHeight, TextWidth.

Graph3 — Standard-Unit

Die Unit Graph3 umfaßt die Prozeduren und Funktionen der Normal- und Turtle-Grafik von Turbo Pascal 3.0. Aktivierung in Pascal 3.0: {$I GRAPH.P} und {$I GRAPH.BIN}. Aktivierung in Pascal 4.0: USES Crt, Graph3.

GraphBackground — Grafik-Prozedur, Graph3

GraphBackground(Farbe)
Hintergrundfarbe für die 320*200-Pixel-Grafik, die zuvor mittels GraphColorMode eingestellt wurde, wählen.

```
PROCEDURE GraphBackground(Farbe: Integer)
```

GraphColorMode — Grafik-Prozedur, Graph3

GraphColorMode
Farbgrafikmodus mit mittlerer Auflösung (x = 640 Spalten und y = 200 Zeilen) einstellen. Numerierung der Koordinaten 0-319 (x-Achse) und 0-199 (y-Achse).

```
PROCEDURE GraphcolorMode
```

GraphErrorMsg — Grafik-Funktion, Graph, 4

GraphErrorMsg(FehlercodeNummer)
Den Text einer Fehlermeldung angeben.

```
-- Fehler := GraphResult;
   IF Fehler <> 0 THEN WriteLn GraphErrorMsg(Fehler)
```

```
FUNCTION GraphErrorMsg(FehlercodeNr: Integer): String
```

GraphFreeMem

Grafik-Prozedur, Graph, 4

GraphFreeMem(Zeiger,Bereich)
Platz für Grafik-Treiberprogramme und Zeichensätze auf dem Heap freigeben. Prozeduraufruf über die globale Zeigervariable GraphFreeMemPtr (siehe Unit Graph).

```
PROCEDURE GraphFreeMem(VAR p:Pointer; B:Word)
```

GraphGetMem

Grafik-Prozedur, Graph, 4

GraphGetMem(Zeiger,Bereich)
Speicherplatz belegen. Aufruf über GraphGetMemPtr.

```
PROCEDURE GraphGetMem(VAR p:Pointer; B:Word)
```

GraphMode

Grafik-Prozedur, Graph3

GraphMode
Den 320*200 Punkte-Mono-Grafikbildschirm aktivieren.

```
PROCEDURE GraphMode
```

GraphResult

Grafik-Funktion, Graph, 4

GraphResult
Den Fehlerstatus der letzten Grafik-Operation liefern (Konstanten von 0 bis -10 siehe Unit Graph; Beispiel siehe GraphErrorMsg).

```
FUNCTION GraphResult: Integer
```

GraphWindow

Grafik-Prozedur, Graph3

GraphWindow(x1,y1,x2,y2)
Ein Fenster zur Ausgabe von Grafiken einrichten. Werte der x-Koordinaten im Bereich 0-319 bzw. 0-639 und der y-Koordinaten im Bereich von 0-199.

```
PROCEDURE GraphWindow(x1,y1,x2,y2: Integer)
```

Halt

"Anweisung"

Halt /(Fehlercode)/
Die Programmausführung beenden und zur MS-DOS-Ebene zurückkehren. Wahlweise wird ein Fehlercode übergeben, der mit DosExitCode im rufenden Programm bzw. mit ErrorLevel in der Batch-Datei ermittelt werden kann (in Pascal 3.0 tritt Integer an die Stelle von Word).

```
PROCEDURE Halt/(VAR Fehl: Word)/
```

Heading

Turtle-Funktion, Graph3

Den für die Bewegung der Turtle gerade eingestellten Winkel (in Grad zwischen 0 und 359) zurückgeben.

```
FUNCTION Heading: Integer
```

HeapError

Standard-Variable, 4

Diese Variable zeigt auf die Standard-Fehlerbehandlung, oder sie führt einen Aufruf über HeapError aus.

HeapOrg

Standard-Variable, 4

Die Startadresse des Heaps, der in Richtung aufsteigender Speicheradressen wächst, bereitstellen (Heap Origin).

HeapPtr

Standard-Variable

Die Position des Heapzeigers bereitstellen. HeapPtr als ein typloser und zu allen Zeigertypen kompatibler Zeiger. Der Offset von HeapPtr liegt zwischen $0000 und $000F. Die Maximalgröße beträgt 65521 bzw. ($10000 minus $000F). Beispiel: Bei Programmstart wird HeapPtr auf HeapOrg als unterste Heap-Adresse gesetzt. Durch New(p3) erhält p3 den Wert von HeapPtr. Nun wird HeapPtr um die Größe des Datentyps, auf den p3 zeigt, erhöht.

Hi

Speicher-Funktion

i := Hi(IntegerAusdruck / WordAusdruck)

Das höherwertige Byte (Highbyte) des Ausdrucks als niederwertiges Ergebnis-Byte (Lowbyte) bereitstellen (höherwertiges Ergebnisbyte ist Null). Siehe Funktion Lo.

```
- WriteLn('$12 und nochmals ',Hi($1234),' ausgeben.')
```

```
FUNCTION Hi(i: Integer/Word): Byte
```

HideTurtle

Turtle-Prozedur, Graph3

HideTurtle

Die Turtle am Bildschirm unsichtbar machen.

```
PROCEDURE HideTurtle
```

HighVideo

E/A-Prozedur, Crt, Turbo3

HighVideo

Eine hohe Intensität zur Ausgabe von Zeichen einstellen.

```
PROCEDURE HighVideo
```

HiRes

Grafik-Prozedur, Graph3

HiRes

Hochauflösende 640*200-Pixel-Grafik (High Resolution) einstellen. Koordinaten x=0-639 (640 Spalten senkrecht) und y=0-199 (200 Zeilen waagrecht).

```
PROCEDURE HiRes
```

HiResColor

Grafik-Prozedur, Graph3

HiResColor(Farbnummer)
Zeichenfarbe für die 640*200-Pixel-Grafik bei schwarzem Hintergrund festlegen. Die Farbe wird durch die Nummern 0-15 oder Standard-Konstanten angegeben: 0/Black (Schwarz), 1/Blue (Blau), 2/Green (Grün), 3/Cyan (Türkis), 4/Rot (Rot), 5/Magenta (Lila), 6/Brown (Braun), 7/LightGray (Hellgrau), 8/DarkGray (Dunkelgrau), 9/-LightBlue (Hellblau), 10/LightGreen (Hellgrün), 11/LightCyan (Helltürkis), 12/LightRed (Hellrot), 13/-LightMagenta (Hell-Lila), 14/Yellow (Gelb) und 15/White.

```
PROCEDURE HiResColor(Farbe: Integer)
```

Home

Turtle-Prozedur, Graph3

Home
Die Turtle zum Mittelpunkt des Fensters bzw. Bildschirms und Heading auf 0 Grad setzen.

```
PROCEDURE Home
```

IF-THEN-ELSE

Anweisung

IF BooleanAusdruck THEN Anweisung
/ELSE Anweisung/
Eine einseitige Auswahlstruktur (ohne ELSE-Teil) bzw. eine zweiseitige Auswahlstruktur (mit ELSE-Teil) kontrollieren: Ergibt der Boolesche Ausdruck den Wert True, wird der Anweisungsblock hinter THEN ausgeführt.
Einseitige Auswahl in Abhängigkeit der Boolean-Variablen Gefunden:

```
- IF Gefunden THEN WriteLn('Satz gefunden.')
```

Einseitige Auswahl mit Blockanweisung BEGIN-END:

```
- IF Antwort = 'j' THEN
    BEGIN
      WerteEingeben;
      UmsatzAnalysieren
    END (*von THEN*)
```

Zweiseitige Auswahl (vor ELSE steht nie ein ";"):

```
- IF IOResult<>0
    THEN BEGIN Fehlerroutine; Fortsetzung END
    ELSE WriteLn('... Eingabe ok.')
```

ImageSize

Grafik-Funktion, Graph, 4

ImageSize(Xlinks,Ylinks,Xrechts,Yrechts)
Anzahl von Bytes berechnen, die zur Speicherung eines Bildausschnitts mit GetImage benötigt werden.

```
ImageSize(x1,y2,x2,y2: Word): Word
```

IMPLEMENTATION

Reserviertes Wort, 4

Zwischen INTERFACE (Schnittstelle) und INITIALISIERUNG (Hauptprogramm) stehender dritter Bestandteil einer Unit. Die IMPLEMENTATION umfaßt den Programmcode (siehe Unit).

IN

Arithmetischer Operator

b := Ausdruck IN Menge
Prüfen, ob der im Ausdruck angegebene Wert (einfacher Datentyp) als Element in der Menge enthalten ist.
Enthalten wird True, da 2 Element der Menge ist:

```
- Enthalten := 2 IN [0..50]
```

Eingabeschleife ohne Echo:

```
- REPEAT
    Write('Antwort? '); Antwort := ReadKey
  UNTIL UpCase(Antwort) IN ['R','S','T','U']
```

Prüfen, ob die Tastatureingabe Element in einer durch SET definierten Menge von vier Zeichen ist:

```
- CONST GuteEingabe: SET OF Char=['j','J','n','N'];
  VAR Taste: Char;
  BEGIN ...; IF Taste IN GuteEingabe THEN ...
```

Inc

Ordinale Prozedur, 4

Inc(x /,IntegerAusdruck/)
Den Wert der Variablen x um den angegebenen Wert erhöhen. Die beiden folgenden Zuweisungen sind identisch:

```
- Inc(z,4); z := z + 4
```

```
PROCEDURE Inc(VAR x:Ordinaltyp; i:Integer)
```

InitGraph

Grafik-Prozedur, Graph, 4

InitGraph(GrafikTreiber,GrafikModus,Suchweg/")
Ein Grafikpaket initialisieren: InitGraph ruft die Prozedur DetectGraph auf, die dann den GrafikTreiber auswählt und den passenden GrafikModus einstellt.
Ein Dreieck zeichnen und grün füllen (der Leerstring " läßt den Treiber im Standard-Directory suchen; bei Treiber=0 (bzw. Detect) muß Modus nicht initialisiert sein):

```
- Treiber := Detect;
  InitGraph(Treiber,Modus,'');
  SetColor(Green);
  MoveTo(20,20); LineTo100,20); LineTo(60,100);
  LineTo(20,20);
  ReadLn; FloodFill(25,25,Green);
  ReadLn; CloseGraph
```

```
PROCEDURE InitGraph(VAR T,M:Integer; Weg:String)
```

INLINE

Anweisung

INLINE(Maschinencode)
Kurze Befehlsfolgen in Maschinencode unmittelbar in den Quelltext einfügen. Die einzelnen Befehlsbytes bzw. Maschinencodebefehle werden durch "/" getrennt angegeben. Beispiel:

```
- INLINE($06/$FB/$5F)
```

Input

Standard-Variable

Primäre Eingabedatei, die als vordefinierte Textdatei-Variable bei Read bzw. ReadLn stets standardmäßig angenommen wird. Input liest nur Eingaben von der Tastatur.
Zwei Anweisungen, die sich exakt entsprechen:

```
- ReadLn(Zeichen); ReadLn(Input,Zeichen)
```

Insert

String-Prozedur

Insert(s0,s1,p)
String s0 in den String s1 ab der Position p einfügen. s0 als beliebiger String-Ausdruck, s1 als Stringvariable und p als Anfangsposition in s1 (Konstante/Variable vom Typ Integer bzw. Byte zwischen 1 und 255). Ist p größer als die Länge von s1, wird nichts eingefügt.
Wort:='griffreit' durch 'be' zu 'griffbereit' ergänzen:

```
- Insert('be',Wort,6)
```

```
PROCEDURE Insert(s0:String; VAR s1:String; p:Integer)
```

InsLine

E/A-Prozedur, Crt

InsLine
Leerzeile vor der aktuellen Cursorposition einfügen, d.h. die Folgezeilen um eine Zeile nach unten verschieben.
Eine 70 Zeichen breite Zeile in der Zeile 10 einfügen:

```
- Window(30,10,100,30); InsLine
```

```
PROCEDURE InsLine
```

Int

Arithmetische Funktion

r := Int(IntegerAusdruck oder RealAusdruck)
Den ganzzahligen Teil eines Ausdrucks als Real-Zahl angeben. Siehe Frac.
Real-Zahl 2.000 als ganzzahliger Teil von 2.778:

```
- WriteLn(Int(-2.778))
```

```
FUNCTION Int(i:Integer):Real  oder  Int(r:Real):Real
```

Integer

Standard-Datentyp

VAR Variablenname: Integer
Vordefinierter Datentyp für die ganzen Zahlen zwischen -32768 und 32767. In der Standard-Variablen MaxInt wird 32767 als größte Integer-Zahl bereitgestellt. Neben Integer stellt Pascal 4.0 die ganzzahligen Typen Byte, LongInt, ShortInt und Word zur Verfügung.
Eine Variable KundenNr belegt 2 Bytes Speicherplatz:

```
- VAR KundenNr: Integer
```

```
TYPE Integer = -32768..32767
```

INTERFACE

Reserviertes Wort, 4

Bestandteil von Units zur Definition der Schnittstelle.

INTERRUPT

Reserviertes Wort, 4

PROCEDURE Name(Parameterliste): INTERRUPT
INTERRUPT-Prozeduren werden über Interrupt-Vektoren aufgerufen, nicht aber über den Prozedurnamen.

Intr
Interrupt-Prozedur, Dos, 4

Intr(InterruptNummer,Reg)
Einen Software-Interrupt ausführen mit einer Interrupt-Nummer im Bereich 0-255. Reg ist in Unit Dos wie folgt definiert:

```
-  TYPE Registers = RECORD
     CASE Integer OF
       0: (AX,BX,CX,DX,BP,SI,DS,ES,Flags:Word);
       1: (AL,AH,BL,BH,CL,CH,DL,DH:Byte)
     END
```

Intr
Interrupt-Prozedur, 3

Intr(BIOS-Funktion, Register)
BIOS-Aufruf durch Übergabe eines Parameters, dessen Record-Struktur den CPU-Registern entspricht, vornehmen (Register als untypisierter Parameter). Siehe MsDos.

```
PROCEDURE Intr(BIOS :Integer; VAR Register: Record)
```

IOResult
Datei-Funktion, 4

Funktion wie unter Pascal 3.0 bzw. Unit Turbo3, aber: Anstelle von Turbo-Nummern liefert IOResult Fehlercodes (siehe E/A-Variable DosError).

IOResult
Datei-Funktion, Turbo3

i := IOResult
Fehlernummer (0 für fehlerfrei) angeben, wenn zuvor die I/O-Fehlerkontrolle ausgeschachtelt worden ist. Das Funktionsergebnis vom Integer-Typ wird nach jedem Aufruf sofort auf 0 gesetzt (deshalb: Hilfsvariable).
I/O-Fehlernummer zuweisen und abfragen:

```
-  Fehler := IOResult;
   IF Fehler = 1
     THEN WriteLn('Datei nicht gefunden.')
     ELSE IF Fehler ...
```

I/O-Fehler bei Assign wie Reset in Schleifen abfangen:

```
-  (*I-*)
   REPEAT
     REPEAT
       Write('Dateiname? '); ReadLn(Dateiname);
       Assign(TelFil,Dateiname),
     UNTIL IOResult = 0;
     Reset(TelFil)
   UNTIL IOResult = 0; (*$I+*)
```

```
FUNCTION IOResult: Integer
```

Kbd
Geräte-Datei, Turbo3

Kbd für Eingabetastatur (Keyboard), um einzelne Zeichen ohne Echo von der Tastatur einzulesen. In Pascal 4.0 vereinfacht die ReadKey-Funktion die Zeichenabfrage:

```
-  Read(Kbd,Zeichen)  bzw.  Zeichen := ReadKey
```

Keep

Prozeß-Prozedur, 4

Die Programmausführung beenden und den Ausdruck von AusgangsCode an die MS-DOS-Ebene übergeben.

```
PROCEDURE Keep(AusgangsCode: Word)
```

KeyPressed

E/A-Funktion, Crt

b := KeyPressed
Den Wert True liefern, wenn ein Zeichen im Tastaturpuffer darauf wartet, gelesen zu werden.

```
- IF KeyPressed THEN Taste := ReadKey
```

```
FUNCTION KeyPressed: Boolean
```

LABEL

Reserviertes Wort

LABEL Sprungmarke /,Sprungmarke/
In der LABEL-Vereinbarung werden hinter dem Wort LABEL die verwendeten Markennamen angegeben, zu denen mit der GOTO-Anweisung verzweigt wird. GOTO und Markenname müssen im gleichen Block liegen.
Drei Marken vereinbart (GOTO Fehler verzweigt):

```
- LABEL Fehler, 7777, Ende
```

Im Anweisungsteil werden Marke und Anweisung durch das Zeichen ":" getrennt:

```
- Fehler: WriteLn('Beginn Fehlerbehandlung:'); ...
```

Length

String-Funktion

i := Length(s)
Aktuelle Länge der Stringvariablen s angeben. Ein Beispiel:

```
- IF Length(Ein)=8 THEN Write('8 Zeichen lang.')
```

```
FUNCTION Length(s: String): Integer
```

Line

Grafik-Prozedur, Graph, 4

Line(x1,y1,x2,y2)
Eine Linie zwischen zwei Punkten zeichnen.

```
PROCEDURE Line(x1,y1,x2,y2: Integer)
```

LineRel

Grafik-Prozedur, Graph, 4

LineRel(x,y)
Eine Linie relativ zur aktiven Cursorposition zeichnen, zum Beispiel von Punkt (14,16) zu Punkt (34,36).

```
- MoveTo(14,16); LineRel(20,20)
```

```
PROCEDURE LineRel(RelativX,RelativY: Integer)
```

LineTo

Grafik-Prozedur, Graph, 4

LineTo(x,y)
Eine Linie von der aktiven Cursorposition zum angegebenen Punkt zeichnen. Beispiel siehe FloodFill.

```
PROCEDURE LineTo(Zielx,Ziely: Integer)
```

Ln

Arithmetische Funktion

r := Ln(IntegerAusdruck / RealAusdruck)
Den natürlichen Logarithmus zum Ausdruck angeben. Zuerst 1 und dann 2.30256 ausgeben:

```
- Write(Ln(2.7182818285),' ',Ln(10))
```

```
FUNCTION Ln(i: Integer): Real
FUNCTION Ln(r: Real): Real
```

Lo

Speicher-Funktion

i := Lo(IntegerAusdruck)
Das niederwertige Byte (Lowbyte) des Ausdrucks bereitstellen. Siehe auch Funktion Hi:

```
- WriteLn('$34 und nochmals ',Lo($1234)
```

```
FUNCTION Lo(i: Integer): Integer
```

LongFilePos

Datei-Funktion, Turbo3

r := LongFilePos(Dateivariable)
Die Nummer des Datensatzes anzeigen, auf den der Dateizeiger gerade zeigt. Im Gegensatz zu FilePos kann die Datei über 32767 Einträge (Datensatznummern) haben.

```
FUNCTION LongFilePos(VAR f: File of Type): Real
FUNCTION LongFilePos(VAR f: File): Real
```

LongFileSize

Datei-Funktion, Turbo3

r := LongFileSize(Dateivariable)
Anzahl der Datensätze der geöffneten Direktzugriffdatei anzeigen. Anzahl vom Real-Typ (also auch über 32767).

```
FUNCTION LongFileSize(VAR f: File Of Type): Real
FUNCTION LongFileSize(VAR f: File): Real
```

LongInt

Standard-Datentyp, 4

VAR Variablenname: LongInt
LongInt umfaßt einen Wertebereich von -2147483648 bis 2147483647 und belegt 32 Bits bzw. 4 Bytes. Arithmetische Operationen mit Variablen vom LongInt-Typ erzeugen demnach Ergebnisse, die 32 Bits belegen. Bei der Verknüpfung zweier unterschiedlicher Datentypen gilt stets das "größere" Format: das gemeinsame Ergebnisformat von Byte und LongInt ist somit LongInt.

LongSeek

Datei-Prozedur, Graph3

LongSeek(Dateivariable,Datensatznummer)
Dateizeiger auf die angegebene Datensatznummer positionieren. Im Gegensatz zur Seek-Prozedur kann eine Datensatznummer vom Real-Typ angegeben werden, also über 32767. Somit kann man auf jede Komponente einer MS-DOS-Datei zugreifen.

```
PROCEDURE LongSeek(VAR f: File Of Type; Nr: Real)
```

LowVideo

E/A-Prozedur, Crt, Turbo3

LowVideo
Bildschirm auf normale Helligkeit einstellen.

```
PROCEDURE LowVideo
```

Lst

Geräte-Datei, Printer

Drucker (Lister) als Ausgabeeinheit. In der Unit Printer wird Lst als Text-Dateivariable vereinbart und der Geräteeinheit Lpt1 zugeordnet. Beispiel 'Turbo ...' drucken:

```
- WriteLn(Lst,'Turbo Pascal griffbereit')
```

Mark

Heap-Prozedur

Mark(Zeigervariable)
Wert des Heapzeigers einer Zeigervariablen zuweisen, um z.B. über Release alle dynamischen Variablen oberhalb dieser Adresse zu entfernen. Siehe Release (oberhalb löschen) und Dispose (gezielt einzeln löschen)
Alle über p4 liegenden Variablen vom Heap entfernen:

```
- Mark(p4); Release(p4)
```

```
PROCEDURE Mark(VAR p:Pointer)
```

MaxAvail

Heap-Funktion, 4

Umfang des größten zusammenhängenden freien Speicherplatzes auf dem Heap in Bytes angeben.

```
- TYPE NamenTyp = STRING[200];
  BEGIN IF SizeOf(NamenTyp) > MaxAvail
    THEN WriteLn('... zu wenig Platz auf dem Heap.')
    ELSE GetMem(Zeig,SizeOf(NamenTyp)
```

```
FUNCTION MaxAvail: LongInt
```

MaxAvail

Heap-Funktion, Turbo3

Umfang des größten zusammenhängenden freien Speicherplatzes auf dem Heap in Paragraphen (16 Bit-Einheiten) angeben. Größter Halden-Block in Bytes:

```
- Write('Verfügbar auf Heap: ',MaxAvail*16,' B.')
```

Bei über 32767 Paragraphen gibt MaxAvail einen negativen Wert an (ParaFrei als Real vereinbaren):

```
- ParaFrei := MaxAvail;
  IF ParaFrei < 0 THEN ParaFrei := ParaFrei + 65536.0
```

```
FUNCTION MaxAvail: Integer
```

MaxInt

Standard-Variable

Den größten Integer-Wert 32767 bereitstellen.

```
CONST MaxInt: Integer = 32767
```

MaxLongInt

Standard-Variable, 4

Den größten LongInt-Wert 2147483647 bereitstellen.

```
CONST MaxLongInt: LongInt = 2147483647
```

Mem

Standard-Variable

Mem[Segmentadresse:Offsetadresse]
Über den vordefinierten Speicher-Array Mem, dessen Indizes Adressen sind, läßt sich jede Speicherstelle erreichen. Die Indizes sind Ausdrücke vom Word-Typ (Pascal 3.0: Integer-Typ), wobei Segment und Offset durch ":" getrennt werden. Die Adreßangabe kann dezimal (-32768 - 32767) oder hexadezimal ($0000 - $FFFF) erfolgen.
Inhalt des Bytes in Segment $0000 und Offset $0080 in die Integer-Variable Wert einlesen:

```
- Wert := Mem[$0000:$0080]
```

Der Speicheradresse $0070:$0077 den Wert 9 zuweisen:

```
- Mem[$0070:$0077] := 9
```

```
VAR Mem: ARRAY OF Byte
```

MemAvail

Heap-Funktion, 4

i := MemAvail
Die Anzahl der freien Bytes auf dem Heap angeben. Das Ergebnis von MemAvail setzt sich aus dem freien Platz über der Spitze des Heaps und den "Lücken im Heap" zusammen.

```
- Write('Frei:',MemAvail,'und größter Block:',MaxAvail)
```

```
FUNCTION MemAvail: LongInt
```

MemAvail

Heap-Funktion, Turbo3

i := MemAvail
Die Anzahl der auf dem Heap freien 16-Byte-Blöcke (16-Bit-Struktur) bzw. Bytes (8-Bit-Struktur) angeben.

```
FUNCTION MemAvail: Integer
```

MemL

Standard-Variable, 4

Wie Array MemW, aber mit Komponententyp LongInt.

```
VAR MemL: ARRAY OF LongInt
```

MemW

Standard-Variable

MemW[Segmentadresse:Offsetadresse]
Vordefinierter Speicher-Array zum direkten Speichern. Jede Komponente des MemW-Arrays belegt ein Wort (2 Bytes). In Pascal 3.0 hat MemW den Integer-Typ.
Integer-Wert von WertNeu an die Adresse abspeichern, an der die ersten 2 Bytes von WertAlt abgelegt sind:

```
- MemW[Seg(WertAlt):Ofs(WertAlt)] := WertNeu
```

Inhalt von Wert7 an der Adresse 65500 (Offset) in Segment 02509 speichern:

```
- MemW[02509:65500] := Wert7
```

```
VAR MemW: ARRAY OF Word
```

MkDir

Datei-Prozedur

MkDir(Pfadname)
Neues Unterverzeichnis mit dem angegebenen Namen anlegen. Identisch zum DOS-Befehl MD (siehe auch ChDir, GetDir und RmDir).
Unterverzeichnis \Anwend1 in Laufwerk B: anlegen.

```
- MkDir(b:\Anwend1)
```

```
PROCEDURE MkDir(VAR Pfadname: String)
```

MOD

Arithmetischer Operator

IntegerAusdruck MOD IntegerAusdruck

Den Rest bei ganzzahliger Division (Modulus) angeben (siehe DIV-Operator). Restwert 6 anzeigen:

```
- WriteLn(20 MOD 7)
```

Move

Speicher-Prozedur

Move(QuellVariablenname, ZielVariablenname, Bytes)
Eine bestimmte Anzahl von Bytes von einer Variablen in eine andere Variable übertragen. Pascal 3.0 sieht anstelle des Word-Typs den Integer-Typ vor.
Ist WortZ kürzer als 10 Bytes, so wird der hinter WortZ befindliche Datenbereich überschrieben:

```
- Move(WortQ,WortZ,10)
```

```
PROCEDURE Move(VAR Quelle,Ziel:Type; Bytes:Word)
```

MoveRel

Grafik-Prozedur, Graph, 4

Den Grafik-Cursor relativ zur aktiven Position bewegen. Der Cursor steht nun in Position (107,54):

```
- MoveTo(100,50); MoveRel(7,4)
```

```
PROCEDURE MoveRel(RelativX,RelativY: Integer)
```

MoveTo

Grafik-Prozedur, Graph, 4

Den Grafik-Cursor auf einen bestimmten Punkt setzen.

```
PROCEDURE MoveTo(x,y: Integer)
```

MsDos

Interrupt-Prozedur, Dos

MsDos(Register)
Funktionscalls in MS-DOS über Interrupt 21h vornehmen. In Pascal 3.0 muß der Benutzer den Registers-Typ (siehe Prozedur Intr) selbst vereinbaren.

```
PROCEDURE MsDos(VAR Register: Registers)
```

New

Heap-Prozedur

New(Zeigervariable)
Für eine neue Variable vom Zeigertyp auf dem Heap Speicherplatz reservieren (siehe Dispose als Gegenstück). Eine dynamische Variable ist namenlos und kann nur über einen Zeiger angesprochen werden, der auf die Adresse zeigt, ab der die Variable auf dem Heap abgelegt ist. Der Zeiger hat einen Namen (z.B. p7) und wird als Zeigervariable bezeichnet. Mit der folgenden Vereinbarung wird eine Zeigervariable p7 definiert, die auf Daten vom Integer-Typ zeigt:

- `VAR p7: ^Integer;`

Nun können auf dem Heap genau zwei Byte für die Ablage einer Integer-Variablen reserviert werden:

- `New(p7)`

HeapPtr wird um die Größe von p7 erhöht, d.h. um 2 Bytes. Dynamische Variablen lassen sich wie statische Variablen verwenden, wobei dem Zeigernamen ein "^" folgen muß:

- `p7^ := 5346; WriteLn(p7^)`

Die dynamische Variable p7^ nennt man auch Bezugsvariable, da sie sich auf die Zeigervariable p7 bezieht.

```
PROCEDURE New(VAR p: Pointer)
```

NIL

Standard-Konstante

Zeigervariable := NIL
Einer Zeigervariable die vordefinierte Konstante NIL zuweisen. NIL bedeutet "auf nichts zeigen". NIL ist zu allen Datentypen von dynamischen Variablen kompatibel.
Zeigervariable p7 zeigt auf "keine dynamische Variable":

- `p7 := NIL`

NormVideo

E/A-Prozedur, Crt, Turbo3

Text- und Hintergrundfarbe auf die Standardwerte gemäß "Start of Normal Video" setzen. Text erscheint dunkel:

- `LowVideo; WriteLn('griffbereit'); NormVideo`

```
PROCEDURE NormVideo
```

NoSound

E/A-Prozedur, Crt

NoSound
Den Lautsprecher wieder abschalten (siehe Sound).

```
PROCEDURE NoSound
```

NOT

Arithmetischer Operator

i := NOT IntegerAusdruck
Jedes im IntegerAusdruck gesetzte Bit löschen und jedes gelöschte Bit setzen (Bitbelegung umkehren, invertieren). -10, $DCBA und 0 durch bitweise Verneinung ausgeben:

```
-   WriteLn((NOT 9), (NOT $2345), (NOT -1))
```

NOT

Logischer Operator

b := NOT BooleanAusdruck
Den logischen Wert des genannten Ausdrucks negieren bzw. umkehren: NOT True ergibt False, NOT False ergibt True.
Schleife wiederholen, solange Gefunden nicht True ist:

```
-   WHILE NOT Gefunden DO ...
Wenn das Ende der Datei TelFil nicht erreicht ist, ...:
-   IF NOT EoF(TelFil) THEN ...
```

NoWrap

Turtle-Prozedur, Graph3

NoWrap
Die Turtle bei Erreichen der Fenstergrenze anhalten.

```
PROCEDURE NoWrap
```

Nul

Geräte-Datei, 4

Bezeichnung einer Datei, die Schreibversuche ignoriert und bei Leseversuchen sofort EoF zurückliefert.

Odd

Ordinale Funktion

b := Odd(IntegerAusdruck)
True ausgeben, wenn Ausdruck eine ungerade Zahl ist (in Pascal 3.0 ersetzt der Integer- den LongInt-Typ).
Der folgende ELSE-Teil wird niemals ausgeführt:

```
-   IF Odd(7) THEN Write('ungerade') ELSE Write('.')
```

```
FUNCTION Odd(i: LongInt): Boolean
```

OF

Reserviertes Wort

Siehe Anweisung CASE-OF zur Kontrolle der Fallabfrage.

Ofs

Speicher-Funktion

i := Ofs(Ausdruck)
Offsetwert der Adresse einer Variablen, Prozedur oder Funktion im RAM als Word angeben. Bei 16-Bit-Rech-

nern setzt sich eine Adresse aus Segment- und Offsetadresse zusammen (siehe Seg, Mem). In Pascal 3.0 ersetzt der Integer-Typ den Word-Typ.

```
-  Adr1a := Ofs(Betrag)
   Write('Betrag ab Adresse ',Adr1a,' im Daten-Segment')
```

```
FUNCTION Ofs(Name): Word
```

Options

Turbo-Menü

Das Rolladenmenü Options stellt die Unterbefehle Compiler, Environment, Directories, Parameters, Load options und Save options zur Verfügung. Über den Befehl Directories müssen Sie die Suchwege für TURBO.HLP, TURBO.TP, EXE-Dateien, Include-Dateien und für Units angeben.

OR

Arithmetischer Operator

i := IntegerAusdruck OR IntegerAusdruck
Bits setzen, wenn sie mindestens in einem der beiden Ausdrücke gesetzt sind. Anwendung: Gezieltes Setzen einzelner Bits.
15 anzeigen, da OR 0111 und 1000 zu 1111 verknüpft:

```
-  WriteLn(7 OR 8)
```

OR

Logischer Operator

b := BooleanAusdruck OR BooleanAusdruck
Zwei Ausdrücke durch "logisch ODER" verknüpfen:

True OR True	ergibt True
True OR False	ergibt True
False OR True	ergibt True
False OR False	ergibt False

Werte einer Boolean-Variablen und eines Vergleichsausdrucks ermitteln und dann mit OR verknüpfen:

```
-  IF Gefunden OR (Nummer=77) THEN ...
```

Ord

Transfer-Funktion

i := Ord(SkalarAusdruck)
Skalar- bzw. Ordinalwert eines ASCII-Zeichens angeben (in Pascal 3.0 wird LongInt durch Integer ersetzt).
Nummer 66 der Integer-Variablen i1 zuweisen:

```
-  i1 := Ord('B')
```

Für p als Zeiger zum Beispiel Adresse 23333 ausgeben:

```
-  WriteLn(Ord(p))
```

Für a=Di vom Typ (Mo,Di,Mi,Don) den Wert 2 nennen:

```
-  OrdWert := Ord(a)
```

```
FUNCTION Ord(x: Skalar): LongInt
```

Output

Standard-Variable

Primäre Ausgabedatei für Write, WriteLn (siehe Input).
Zwei identische Ausgabeanweisungen:

```
-  Write('Ausgabe'); Write(Output,'Ausgabe')
```

OutText

Grafik-Prozedur, Graph, 4

Einen Textstring ab der aktuellen Position des Cursors ausgeben. Numerische Werte sind in Strings umzuwandeln:

```
- Str(100,ErgStr); OutText('Ergebnis: ',ErgStr)
```

```
PROCEDURE OutText(Textstring: String)
```

OutTextXY

Grafik-Prozedur, Graph, 4

Einen Textstring an einer bestimmten Position ausgeben:

```
- OutTextXY(10,20,'Turbo Pascal griffbereit')
```

```
PROCEDURE OutTextXY(x,y:Integer; Textstring:String)
```

OVERLAY

Reserviertes Wort, 3

OVERLAY PROCEDURE/FUNCTION Name

Ein Programm in OVERLAY-Prozeduren und OVERLAY-Funktionen zerlegen, falls der Code die RAM-Kapazität übersteigt (in Pascal 4.0 macht das Unit-Konzept die Overlays überflüssig).

Objektcode von Prozedur Summ und Funktion Rund beim Compilieren in gesonderten Overlay-Dateien speichern:

```
- OVERLAY PROCEDURE Summ; ...
  OVERLAY FUNCTION Rund; ...
```

Beim Aufruf die Overlays (auch Overlay-Module genannt) nacheinander in den gleichen RAM-Bereich laden:

```
-- Summ; ... Rund; ...
```

OvrDrive

Datei-Prozedur, 3

Ein vom aktiven Laufwerk abweichendes Laufwerk benennen, in dem die Overlay-Module abgelegt sind.

Overlay-Module in Laufwerk C: (1=A:, 2=B:, ...) suchen:

```
- OvrDrive(3)
```

```
PROCEDURE OvrDrive(Laufwerknummer: Integer)
```

OvrPath

Datei-Prozedur, 3

Unterverzeichnis auf dem aktuellen Laufwerk benennen, in dem die Overlay-Module abgelegt sind.

```
PROCEDURE OvrPath(VAR Pfadname: String)
```

PACKED ARRAY

Datenstruktur

Aus Gründen der Kompatibilität ist das Wort PACKED zur Kennzeichnung gepackter Arrays in Turbo Pascal verwendbar; es wird aber vom Compiler ignoriert.

PackTime

Datum-Prozedur, Dos, 4

Den in der Unit Dos vorgesehenen Datentyp DateTime in einen gepackten Typ LongInt (für SetFTime) umwandeln.

```
- TYPE DateTime = RECORD
      Year, Month, {Jahr 1980..2099, Monat 1..12}
      Day, Hour, {Tag 1..31, Stunde 0..23}.
      Min, Sec: Word {Minunetn und Sekunden 0..59}.
  END
```

```
PROCEDURE PackTime(VAR D:DateTime; VAR Zeit:LongInt)
```

Palette

Grafik-Prozedur, Graph3

Palette(FarbPalettenNummer)
Eine der Farbpaletten 0, 1, 2 oder 3 aktivieren:

Farbzahl	0	1	2	3
Palette 0	Hintergrund	Grün	Rot	braun
Palette 1	Hintergrund	Türkis	Violett	Hellgrau
Palette 2	Hintergrund	Hellgrün	Hellrot	Geld
Palette 3	Hintergrund	Hellblau	Pink	Weiß

```
PROCEDURE Palette(Nummer: Integer)
```

ParamCount

Speicher-Funktion

i := ParamCount
Die Anzahl der Parameter zurückgeben, die beim Aufruf des jeweiligen Programmes hinter dem Programmnamen angegeben wurden (in Pascal 3.0 Integer anstelle von Word).

```
FUNCTION ParamCount: Word
```

ParamStr

Speicher-Funktion

s := ParamStr(ParameterNummer)
Den der eingegebenen Nummer entsprechenden Parameter als Zeichenkette zurückgeben (in Pascal 3.0 Integer anstelle Word).

```
- IF ParamCount = 0
    THEN WriteLn('Keine Parameter')
    ELSE FOR w := 1 TO ParamCount DO
      WriteLn('Parameter ',w,': ',ParamStr(w))
```

```
FUNCTION ParamStr(Nr: Word): String
```

Pattern

Grafik-Prozedur, Graph3

Pattern(Muster)
Ein Muster (engl. pattern) definieren, um es dann über die Prozedur FillPattern in einem bestimmten Bildschirmbereich abzulegen. Die 8 Bytes der Mustervariablen bilden eine 8*8-Pixel-Matrix (siehe FillPattern).

```
PROCEDURE Pattern(VAR Muster: Array[0..7]) OF Byte)
```

PenDown

Turtle-Prozedur, Graph3

PenDown
Bei ihrer Bewegung soll die Turtle eine Linie zeichnen.

```
PROCEDURE PenDown
```

PenUp

Turtle-Prozedur, Graph3

PenUp
Die Turtle bewegt sich, ohne dabei ihre Spur zu zeichnen.

```
PROCEDURE PenUp
```

Pi

Arithmetische Funktion

Den Wert von Pi als 3.141592653589793285 liefern.

```
FUNCTION Pi: Real
```

PieSlice

Grafik-Prozedur, Graph, 4

PieSlice(x,y, StartWinkel,Endwinkel,Radius)
Ein ausgefülltes "Kuchenstück" zeichnen (siehe Arc).
Ein Schneckenhaus um (100,70) zeichnen:

```
- FOR i := 1 TO 30 DO
    PieSlice(100,70,10*i,Round(10*(i+.5)),3*(i+1))
```

```
PROCEDURE PieSlice(x,y:Integer; SW,EW,Rad:Word)
```

Plot

Grafik-Prozedur, Graph3

Plot(x,y, Farbe)
Einen Punkt auf dem Grafikbildschirm zeichnen bzw. löschen (zeichnen in der Hintergrundfarbe). x je nach Modus im Bereich 0-319 bzw. 0-639. y im Bereich 0-199. Farbe 0-3 (gemäß Palette bei GraphColorMode), -1 (ColorTable) oder entsprechend HiResColor (HiRes).

```
PROCEDURE Plot(x,y,Farbe: Integer)
```

Port

Standard-Variable

Port[Adresse] := Wert ... b := Port[Adresse]
Den Datenport ansprechen, d.h. auf die Ein-/Ausgabeadressen des Systems direkt zugreifen. Der Indextyp ist Word bzw. Integer (bei Pascal 3.0).
Der Komponenten 56 des Port-Arrays einen Wert zuweisen, um diesen Wert am genannten Port auszugeben:

```
- Port[56] := 10
```

Wert vom genannten Port 56 in Variable b1 einlesen:

```
- b1 := Port[56]
```

```
VAR Port: Array Of Byte
```

PortW

Standard-Variable

PortW[Adresse] := Wert
Einen Wert in einen Port schreiben bzw. ausgeben (bei Pascal 3.0 als Array OF Integer vereinbart).

```
VAR PortW: Array Of Word
```

Pos

String-Funktion

i := Pos(s0,s1)
Anfangsposition von Suchstring s0 in String s1 angeben.
Ein Zeichen suchen (Angabe von Position 2 als dem ersten Auftreten von 'e'):

- `Write(Pos('e','Wegweiser'))`

Einen Teilstring suchen (Angabe von 3 als Anfangsposition):

- `AnfPos := Pos('ei','Klein, aber fein'))`

Angabe von 0, da Suchstring 'eis' nicht gefunden wird:

- `WriteLn(Pos('eis','Klein, aber fein'))`

```
FUNCTION Pos(s0,s1: String): Byte
```

Pred

Ordinale Funktion

x := Pred(OrdinalerAusdruck)
Den Vorgänger (Predecessor) des Ausdruckes (LongInt, ShortInt, Word, Integer, Byte, Char, Boolean, STRING bzw. SET-Inhalt) angeben (siehe Funktion Succ als Umkehrung).
Ausgabe der Vorgänger 'F', 0 und 'f' anzeigen:

- `Write(Pred('G'), Pred(1), Pred('griffbereit')`

```
FUNCTION Pred(x:Ordinal): OrdinalWieArgument
```

PrefixSeg

Standard-Variable, 4

VAR PrefixSeg: Word
Dem als EXE-Datei gespeicherten Pascal-Programm wird beim Laden durch MS-DOS ein 256 Bytes langer Programmsegment-Präfix (PSP) vorangestellt. Die Segment-Adresse des PSP wird in der Variablen PrefixSeg bereitgestellt.

Printer

Standard-Unit, 4

Die Unit Printer unterstützt die Druckausgabe; sie vereinbart eine Textdateivariable Lst, und ordnet sie der Geräteeinheit Lpt1 zu. Vor dem Drucken ist die Unit mit dem Befehl USES anzusprechen:

```
- PROGRAM DruckDemo
  USES Printer;
  BEGIN WriteLn(Lst,'... dies wird gedruckt.') END.
```

PROCEDURE

Reserviertes Wort

PROCEDURE Prozedurname /(Parameterliste)/;
/USES/ /VAR/ ... BEGIN ... END

Eine Prozedur wird vereinbart, um sie später über die Prozedur-Anweisung aufzurufen. Der Aufbau einer PROCEDURE entspricht dem eines PROGRAMs (Prozedurkopf und -block). Der Geltungsbereich einer Prozedur erstreckt sich auf den Block ihrer Vereinbarung und auf alle untergeordneten Blöcke.

Prozedurkopf mit zwei VARiablenparametern als Ein/-Ausgabeparameter (durch das Wort VAR gekennzeichnet):

```
- PROCEDURE Tausch1(VAR Zahl1,Zahl2: Integer)
```

Prozedurkopf mit zusätzlich einem Konstantenparameter als Eingabeparameter (Übergabe nur in die Prozedur hinein):

```
- PROCEDURE MinMax(Wahl:Char; VAR s1,s2: Stri30)
```

Das reservierte Wort EXTERNAL ersetzt den Anweisungsblock, um stattdessen den Namen einer Datei in Maschinencode anzugeben (externe Prozedur):

```
- PROCEDURE AusgabeStart; EXTERNAL 'StartIO'
```

Das reservierte Wort FORWARD ersetzt den Anweisungsblock, um die Prozedur aufzurufen, bevor sie komplett vereinbart wurde.

```
- PROCEDURE Eingabe(VAR Zei: Char); FORWARD
```

Das reservierte Wort OVERLAY überträgt den Objektcode der Prozedur in eine spezielle OVERLAY-Datei, um den Code bei der späteren Ausführung dann vom entsprechenden Laufwerk abzurufen (nur bei Pascal 3.0, siehe OVERLAY).

```
- OVERLAY PROCEDURE MenueStart
```

PROGRAM

Reserviertes Wort

PROGRAM Programmname /(Parameterliste)/;
/USES/ {nur Pascal 4.0}
/LABEL/
/CONST/
/TYPE/ Vereinbarungen
/VAR/
/PROCEDURE/
/FUNCTION/

BEGIN
... Anweisungen
END.

Das Wort PROGRAM leitet den Quelltext eines Pascal-Programmes ein, das aus dem Programmkopf (Name und optionaler Parameterliste) und dem Programmblock (Vereinbarungsteil und Anweisungsteil) besteht.
Das einfachste Programm ist parameterlos und hat keinen Vereinbarungsteil:

```
- PROGRAM Einfach;
  BEGIN
    WriteLn('Diese Zeile wird am Bildschirm gezeigt.')
  END.
```

Ptr

Speicher-Funktion

p := Ptr(Segment,Offset)
Die Angaben für Segment und Offset in einen Zeiger umwandeln, der auf die durch (Segment:Offset) gebildete Adresse zeigt.

```
FUNCTION Ptr(Segment,Offset:Word): Pointer
```

PutImage

Grafik-Prozedur, Graph, 4

PutImage(x,y,Puffer,Daten)
Einen zuvor mit GetImage in einer Puffervariablen abgelegten rechteckigen Bildausschnitt anzeigen. (x,y) legt den linken oberen Eckpunkt fest (BitBlt siehe Unit Graph).

```
PROCEDURE PutImage(x,y:Word; VAR Puffer,BitBlt: Word)
```

PutPic

Grafik-Prozedur, Graph3

PutPic(Puffer, x,y)
Einen zuvor mit GetPic in eine Puffervariablen gespeicherten Grafikbereich ausgeben. (x,y) bezeichnet die linke untere Ecke.

```
PROCEDURE PutPic(VAR Puffer,x,y: Integer)
```

PutPixel

Grafik-Prozedur, Graph, 4

PutPixel(SpaltenNr,ZeilenNr,FarbNr)
Einzelne Punkte in einer bestimmten Farbe zeichnen.

```
- Spalte := GetMaxX; Zeile := GetMaxY;
  REPEAT
    PutPixel(Random(Spalte),Random(Zeile),Random(16))
  UNTIL KeyPressed
```

```
PROCEDURE PutPixel(x,y:Integer; Farbe:Word)
```

Random

Speicher-Funktion

Random
Eine Real-Zufallszahl zwischen Null (einschließlich) und 1 (ausschließlich) erzeugen.

Random(ObereGrenze)
Eine ganzzahlige Zufallszahl zwischen Null (einschließlich) und der genannten Grenze (ausschließlich) erzeugen (in Pascal 3.0 ist Grenze vom Integer-Typ).
Eine Zufallszahl im Bereich 11,12,13,...,30 ausgeben:

```
- WriteLn(Random(20) + 11)
```

```
FUNCTION Random: Real
FUNCTION Random(Grenze: Word): Integer
```

Randomize

Speicher-Prozedur

Randomize
Zufallszahlengenerator unter Verwendung von Systemdatum und -zeit mit einer Zufallszahl starten.

```
PROCEDURE Randomize
```

Read

Datei-Prozedur

Read(Dateivariable,Datensatzvariable)
Auf eine Datei mit konstanter Datensatzlänge lesend in zwei Schritten zugreifen:
1. Datensatz von der Diskettendatei in den RAM einlesen und in der Datensatzvariablen ablegen.
2. Dateizeiger um eine Position erhöhen.
Aus TelFil den Datensatz, auf den der Dateizeiger gerade zeigt, in die Variable TelRec einlesen (Satzaufbau auf Diskette und im RAM sind gleich; siehe Rewrite):

```
- Read(TelFil,TelRec)
```

Read(Dateivariable,Var1,Var2,...)
Auf eine Datei mit variabler Datensatzlänge lesend in zwei Schritten zugreifen:
1. Nächste Einträge in Variablen Var1, Var2, ... einlesen.
2. Dateizeiger um einsprechende Anzahl erhöhen.
Die nächsten drei Einträge in den RAM einlesen:

```
- Read(NotizFil,Name,Summe,Datum)
```

```
PROCEDURE Read(VAR f: File Of Type; VAR v: Type)
```

Read

E/A-Prozedur

Read(Variable1 /,Variable2,.../)
Wie ReadLn (siehe unten), aber ohne CRLF am Ende (der Cursor bleibt somit hinter der Tastatureingabe stehen).

ReadKey

E/A-Funktion, Crt, 4

Ein Zeichen über die Eingabedatei ohne Return und ohne Bildschirmecho entgegennehmen.
Das nächste eingetippte Zeichen nach c (Char-Typ) lesen:

```
- Write('Wahl E, V oder Y? '); c := ReadKey
```

Eingabe eines Zeichens mit Echo (Eingabewiederholung):

```
- Write('Wahl? '); c := ReadKey; WriteLn(c)
```

Drücken einer Funktionstaste abfragen (mit Echo):

```
- c := ReadKey;
  IF c = #0
    THEN WriteLn('Funktionstaste: ',Ord(ReadKey))
    ELSE WriteKn('Normale Taste: ',c)
```

```
FUNCTION ReadKey: Char
```

ReadLn

E/A-Prozedur

ReadLn(Variable1 /,Variable2,.../)
Daten von der Tastatur in drei Schritten eingeben:
1. Auf die Tastatureingabe des Benutzer warten.
2. Eingabedaten (Leerzeichen trennt die Daten) in die genannten Variablen zuweisen.

3. CRLF senden: Cursor steht am Anfang der Folgezeile. Keine Tastatureingabe ohne Eingabeaufforderung:

```
- Write('Wieviel DM? '); ReadLn(Betrag)
- WriteLn('Welche zwei Zahlen (Leerstelle trennt)?');
  ReadLn(Zahl1,Zahl2)
```

```
PROCEDURE ReadLn(v1,v2,...,vn: Type)
PROCEDURE ReadLn(VAR f:Text; v1,v2,...,vn: Type)
```

Real

Standard-Datentyp

VAR Variablenname: Real
Datentyp Real für reelle Zahlen zwischen -2.9*1E-39 und 1.7*1E+38 mit einer Genauigkeit von 11-12 Stellen. Pascal 4.0 kennt neben Real die Real-Typen Single, Double, Extended und Comp.
Die Variable Betrag belegt 6 Bytes an Speicherplatz:

```
- VAR Betrag: Real;
```

Gleitkomma-Zuweisung erlaubt (lies: 6 mal 10 hoch 13):

```
- Betrag := 6E+13
```

Formatierte Bildschirmausgabe (8 Stellen gesamt, 2 Dezimalstellen, eine Stelle für ".", maximal 99999.99):

```
- WriteLn('Endbetrag: ',Betrag:8:2,' DM.')
```

RECORD

Datenstruktur

RECORD Feld1:Typ1; Feld2:Typ2; ...; Feldn:Typn END
Die Datenstruktur Record dient als Verbund von Komponenten (Datenfeldern), die verschiedene Typen haben können.
Record-Variable ArtRec mit impliziter Typvereinbarung:

```
- VAR
    ArtRec: RECORD
              Bezeichnung: STRING[35];
              Lagerwert: Real
            END
```

Variable ArtRec mit expliziter Typvereinbarung (Vorteil: der Record kann als Prozedur- bzw. Funktionsparameter übergeben werden):

```
- TYPE
    Artikelsatz = RECORD
                    Bezeichnung: STRING[35];
                    Lagerwert: Real
                  END;
  VAR
    ArtRec: Artikelsatz
```

Rectangle

Grafik-Prozedur, Graph, 4

Rectangle(x1,y1,x2,y2)
Ein Rechteck gemäß SetLineStyle zeichnen.

```
PROCEDURE Rectangle(x1,y1,x2,y2: Integer)
```

Release

Heap-Prozedur

Release(Zeigervariable)
Heapzeiger auf die Adresse setzen, die die angegebene Zeigervariable enthält, um damit alle dynamischen Variablen über dieser Adresse freizugeben bzw. zu löschen. Im

Gegensatz zu Dispose kann man mit Release keine dynamischen Variablen inmitten des Heaps löschen.
Wert des Heapzeigers der Zeigervariablen p1 zuweisen, um den darüberliegenden Speicherplatz frei zu machen:

```
- Mark(p1); Release(p1)
```

```
PROCEDURE Release(VAR p: Pointer)
```

Rename

Datei-Prozedur

Rename(DateivariableAlt,DateivariableNeu)
Den Namen der Dateivariablen einer zuvor mit Assign zugeordneten Datei ändern.

Datei TelFil soll ab jetzt als TelefonFil benannt werden:

```
- Rename(TelFil,TelefonFil)
```

Beim Umbenennen gleichzeitig das Directory wechseln:

```
- Assign(f,'\Sprache\Turbo\Rechnung.PAS');
  Rename(f,'\Rech1.PAS'
```

```
PROCEDURE Rename(VAR f: File; Dateiname: String)
```

REPEAT

Anweisung

REPEAT Anweisung UNTIL BooleanAusdruck
Nicht-abweisende Schleife als Wiederholungsstruktur kontrollieren: Anweisungsblock zwischen REPEAT und UNTIL ausführen, bis die Auswertung des Booleschen Ausdrucks den Wert True ergibt. Im Gegensatz zur WHILE-Schleife wird die REPEAT-Schleife stets mindestens einmal ausgeführt.
Schleife mit Eingabekontrolle bzw. Eingabezwang:

```
- REPEAT
    Write('Ihre Wahl? '); ReadLn(Wahl)
  UNTIL Wahl IN ['A','B','C','e','E']
```

Alle Sätze einer Telefondatei lesen und anzeigen:

```
- Assign(TelFil,'B:Telefon1.DAT'); Reset(TelFil);
  REPEAT
    Read(TelFil,TelRec)
    DatensatzAnzeigen {Ausgabe aller Datenfelder}
  UNTIL Eof(TelFil)
```

Reset

Datei-Prozedur

Reset(Dateivariable /,BlockGroesse/)
Eine mit Assign zugeordnete und existierende Datei in zwei Schritten öffnen:
1. Gegebenenfalls geöffnete Datei schließen.
2. Dateizeiger auf die Anfangsposition 0 stellen.

Auf eine Textdatei (TEXT) kann man anschließend nur lesend zugreifen; zum Schreiben muß mit Append geöffnet werden. Die anderen Dateitypen (FILE OF, FILE) erlauben den lesenden oder den schreibenden Zugriff.
Datei Telefon1.DAT zum Lesen bzw. Schreiben öffnen:

```
- Assign(TelFil,'B:Telefon1.DAT)
  Reset(TelFil)
```

Eine Datei - falls nicht vorhanden - neu leer anlegen:

```
- (*$I-*) Reset(TelFil) (*$I+*)
  IF IOResult NOT 0 THEN Rewrite(ArtFil)
```

Bei einer nicht-typisierten Datei (Dateityp FILE) kann über den Parameter BlockGroesse die Anzahl von Bytes angegeben werden, die beim Zugriff jeweils zu übertragen sind (Standard sind 128 Bytes).

```
PROCEDURE Reset(VAR f: File; BlockGroesse:Word)
```

RestoreCrt

E/A-Prozedur, Crt, 4

RestoreCrt
Den bei Programm-Start aktiven Videomodus einstellen.

```
PROCEDURE RestoreCrt
```

RestoreCrtMode

Grafik-Prozedur-Graph, 4

RestoreCrtMode
Den vor dem Grafik-Start aktiven Videomodus einstellen.

```
- RestoreCrtMode; {auf Text umschalten}
  SetGraphMode(HercMono) {auf Grafik umschalten}
```

```
PROCEDURE RestoreCrtMode
```

Rewrite

Datei-Prozedur

Rewrite(Dateivariable /,BlockGroesse/)
Eine mit Assign zugeordnete Datei in zwei Schritten öffnen, um eine neue Datei anzulegen bzw. zu erzeugen:
1. Gegebenenfalls geöffnete Datei löschen und schließen.
2. Dateizeiger auf die Anfangsposition 0 stellen.

B:Telefon1.DAT soll als Leerdatei neu angelegt werden:

```
- TYPE
    Telefonsatz = RECORD
                    Name: STRING[25];
                    Nummer: STRING[20]
                  END;
    Telefondatei = FILE OF Telefonsatz;
  VAR
    TelRec: Telefonsatz;
    TelFil: Telefondatei;
  BEGIN
    Assign(TelFil,'B:Telefon1.DAT);
    Rewrite(TelFil); ...
```

Für f als nicht-typisierte Datei (Dateityp FILE) kann man über den Parameter BlockGroesse die Anzahl der zu übertragenden Bytes (standardmäßig 128 Bytes) angeben.

```
PROCEDURE Rewrite(VAR f: File; BlockGroesse:Word)
```

RmDir

Datei-Prozedur

RmDir(Pfadname)
Genanntes (leeres) Unterverzeichnis löschen. Identisch zu DOS-Befehl RD (siehe auch ChDir, GetDir und MkDir).
Unterverzeichnis \Anwend1 von Laufwerk B: entfernen.

```
- RmDir(b:\Anwend1)
```

```
PROCEDURE RmDir(VAR Pfadname: String)
```

Round

Transfer-Funktion

i := Round(RealAusdruck)
Den Ausdruck ganzzahlig bzw. kaufmännisch ab-/aufrunden (bei Pascal 3.0 ist LongInt durch Integer ersetzt). Bildschirmausgabe von 7 und von -4 erzeugen:

```
- Write(Round(7.44),Round(-3.9))
```

```
FUNCTION Round(r:Real): LongInt
```

Run

Turbo-Menü

Der Menübefehl Run übernimmt folgende fünf Aufgaben:
1. Make aufrufen und prüfen, ob eine am Programm beteiligte Unit neu zu compilieren ist (wenn ja: Compiler aufrufen). Dann wird das Programm selbst übersetzt.
2. Den Linker aufrufen, um alle Module zu einem lauffähigen Programm zu binden.
3. Den Quelltext bzw. Inhalt des Edit-Fensters sichern (falls Options/E/Auto Save Edit auf ON gesetzt ist)
4. Den Bildschirm löschen und das Programm ausführen.
5. Nach Beenden der Programmausführung am Bildschirm den Text "Press any key to return to Turbo Pascal" zeigen.

Seek

Datei-Prozedur

Seek(Dateivariable,Datensatznummer)
Den Dateizeiger auf den durch die Datensatznummer bezeichneten Datensatz positionieren (erster Datensatz mit Datensatznummer 0). Abweichungen zu Pascal 3.0: Seek erwartet einen Integer und LongSeek einen Real.
Den 5. Satz der Telefondatei direkt in den RAM lesen:

```
- Seek(TelFil,4)
  Read(TelFil,TelRec)
```

Einen neuen Datensatz am Ende der Datei anfügen:

```
- Seek(TelFil,FileSize(TelFil))
  Write(TelFil,TelRec)
```

```
PROCEDURE Seek(VAR f:File of Type; Position:LongInt)
PROCEDURE Seek(VAR f:File; Position:LongInt)
```

SeekEoF

Datei-Funktion

b := SeekEoF(Textdateivariable)
Die Boolesche Funktion ergibt True, sobald der Dateizeiger auf das Ende der Textdatei zeigt. Abweichung zur EoF-Funktion: SeekEoF überspringt Leerzeichen (!32, $20), Tabulatoren (!9, $09) bzw. Zeilenendemarke (!1310, $0D0A, CRLF) und prüft erst dann auf das Dateiende. Anwendung von SeekEof, wenn die Anzahl der Objekte einer Zeile bzw. einer Datei unbekannt ist.

```
FUNCTION SeekEoF(VAR f: Text): Boolean
```

SeekEoLn

Datei-Funktion

b:= SeekEoLn(Textdateivariable)
Boolesche Funktion ergibt True, sobald das Zeilenende (!1310, $0D0A, CRLF) erreicht ist. Abweichung zur EoLn-Funktion: Leerzeichen und Tabulatoren werden vor dem Test auf Zeilenende übersprungen.

```
FUNCTION SeekEoLn(VAR f: Text): Boolean
```

Seg

Speicher-Funktion

i := Seg(Ausdruck)
Den Segmentwert der Adresse einer Variablen, Prozedur oder Funktion im RAM als Word (in Pascal 3.0 als Integer) angeben (siehe Ofs für den Offsetwert einer Adresse im Format Segmentwert:Offsetwert).
Offset von Variable, Array-, Record-Komponente zeigen:

```
- Write(Seg(Betrag),Seg(Ums[3]),Seg(TelFil.Name))
```

```
FUNCTION Seg(VAR: Name): Word
```

SET OF

Datenstruktur

SET OF Grundmengentyp
Das reservierte Wort SET bezeichnet eine Untermenge. Als Grundmengentyp sind Integer, ShortInt, LongInt, Word, Byte, Boolean, Char, Aufzähl- und Teilbereichstypen zugelassen. Maximal 256 Elemente für den Grundmengentyp (SET OF Integer falsch, SET OF Byte gut).
Mengenvariable m mit impliziter Typvereinbarung:

```
- VAR m: SET OF 1..3
```

Mengenvariable m mit expliziter Typveraeinbarung:

```
- TYPE
    Mengentyp = SET OF 1..3;
  VAR
    m: Mengentyp
```

SetActivePage

Grafik-Prozedur, Graph, 4

SetActivePage(SeitenNummer)
Eine bestimmte Grafik-Seite aktivieren.

```
SetActivePage(Seite: Word)
```

SetAllPalette

Grafik-Prozedur, Graph, 4

SetAllPalette(Palette)
Alle Einträge der Farb-Palette neu setzen (PaletteType siehe Init Graph).

```
SetAllPalette(VAR Palette: PaletteType)
```

SetBkColor

Grafik-Prozedur, Graph, 4

SetBkColor(Farbe)
Einen Paletten-Eintrag als Hintergrundfarbe setzen.

```
PROCEDURE SetBkColor(Farbe: Word)
```

SetColor

Grafik-Prozedur, Graph, 4

SetColor(Farbe)
Einen Paletten-Eintrag als Zeichenfarbe setzen. Den ersten Paletten-Eintrag als Zeichenfarbe wählen:

```
-- SetColor(0) {... (1) für 2. Eintrag usw.}
```

```
PROCEDURE SetColor(Farbe: Word)
```

SetDate

Datum-Prozedur, 4

SetDate(J,M,T,W)
Das Datum vom MS-DOS setzen (siehe GetDate). Werte 1980..2099 (Jahr), 1..12 (Monat), 1..31 (Tag) und 0..6.

```
PROCEDURE SetDate(Jahr,Monat,Tag,Wochentag: Word)
```

SetFAttr

Dateieintrag-Funktion, Dos, 4

SetFAttr(Dateivariable,Attribut)
Dateiattribute einer Datei setzen (siehe GetFAttr).

```
PROCEDURE SetFAttr(VAR f:File; VAR Attribut: Byte)
```

SetFillPattern

Grafik-Prozedur, Graph, 4

SetFillPattern(Muster)
Muster für Flächenfüllungen über die Variable Muster vom Typ FillPatternType (siehe Unit Graph) definieren:

```
-   CONST Gray50: FillPatternType =
                  ($AA,$55,$AA,$55,$AA,$55,$AA,$55);
    BEGIN ...; SetFillPattern(Gray50,Red)
```

```
PROCEDURE SetFillPattern(Muster:FillPatternType; Farbe: Word)
```

SetFillStyle

Grafik-Prozedur, Graph, 4

SetFillStyle(Muster,Farbe)
Ein entsprechend den Füllmuster-Konstanten (siehe Unit Graph) vordefiniertes Muster zur Flächenfüllung angeben.

```
PROCEDURE SetFillStype(Muster,Farbe: Word)
```

SetFTime

Datum-Prozedur, Dos, 4

SetFTime(Dateivariable,Zeit)
Datum und Uhrzeit der letzten Dateiänderung direkt setzen (siehe GetFTime).

```
PROCEDURE SetFTime(VAR f:File; Zeit:LongInt)
```

SetGraphMode

Grafik-Prozedur, Graph, 4

SetGraphMode(Grafikmodus)
In den angegebenen Grafikmodus (entsprechend den Grafikmodus-Konstanten, siehe Unit Graph) wechseln und dabei den Bildschirm löschen.

```
-  SetGraphMode(HercMonoHi); {Grafik einschalten}
   ...; RestoreCrtMode; {Text einschalten}
   ...; SetGraphMode(EGALo); {Grafik einschalten}
```

```
PROCEDURE GraphMode(Grafikmodus: Integer)
```

SetHeading

Turtle-Prozedur, Graph3

SetHeading(RichtungsWinkelInGrad))
Die Bewegungsrichtung der Turtle mit Gradangaben zwischen 0 und 359 einstellen. Standard-Konstanten North=0 (oben), East=1 (rechts), South=180 (unten) und West=270 (links). SetHeading dreht absolut, TurnLeft und TurnRight hingegen drehen relativ zur jeweiligen Position.
Bewegungsrichtung Südwest für die Turtle vorgeben:

```
-  SetHeading(South+45)
```

```
PROCEDURE SetHeading(Winkel: Integer)
```

SetIntVec

Interrupt-Prozedur, Dos, 4

SetIntVec(VektorNummer,Vektor)
Einen Interrupt-Vektor auf eine bestimmte Adresse setzen (siehe GetIntVec). Der Vektor wird über Addr, den Adreß-Operator @ oder über Ptr erzeugt.

```
PROCEDURE SetIntVec(VNr:Byte; VAR v:Pointer)
```

SetLineStyle

Grafik-Prozedur, Graph, 4

SetLineStyle(Linienart,Muster,Linienbreite)
Linienart und Linienbreite (gemäß den Linien-Konstanten von Graph) setzen (siehe auch GetLineSettings).

```
PROCEDURE SetLineStyle(La,M,Lb: Word)
```

SetPalette

Grafik-Prozedur, Graph, 4

SetPalette(FarbNr,Farbe)
Einen Eintrag der aktiven Farb-Palette ändern. Die in Farbe 0 gezeichneten Objekte sollen rot erscheinen:

```
-  SetPalette(0,Red)
```

```
PROCEDURE SetPalette(FarbNr:Word; Farbe:Byte)
```

SetPenColor

Turtle-Prozedur, Graph3

SetPenColor(Farbe)
Die Zeichenfarbe für die Turtle-Grafik einstellen (0-3 nach Palette des GraphColorMode, -1 für ColorTable bzw. HiResColor-Farbe bei HiRes).

```
PROCEDURE SetPenColor(Farbe: Integer)
```

SetPosition

Turtle-Prozedur, Graph3

SetPosition(x,y)
Die Turtle zur genannten (x,y)-Position setzen.

```
PROCEDURE SetPosition(x,y: Integer)
```

SetTextBuf

Datei-Prozedur, 4

SetTextBuf(Textdateivariable,Puffer/,Block/)
Für eine Textdatei einen Puffer (Standard ist 128 Bytes) zuordnen. Ist Block angebenen, wird nur der entsprechende Teil von Puffer benutzt. 10-KB-Puffer zuordnen:

```
- VAR Puffer: ARRAY[1..10240] OF Char; {10 KB}
  BEGIN Assign(TDatei,ParamStr(1));
    SetTextBuf(TDatei,Puffer); Reset(TDatei)
```

```
PROCEDURE SetTextBuf(VAR f:Text; VAR Puffer:Type; /Block:Word/)
```

SetTextJustify

Grafik-Prozedur, Graph, 4

SetTextJustify(Horizontal,Vertikal)
Text für OutText und OutTextXY ausrichten (Justierungs-Konstanten siehe Unit Graph).
'Klaus' mit 'a' im Zentrum von Punkt (70,70) anzeigen:

```
- SetTextJustify(CenterText,CenterText);
  OutTextXY(70,70,'Klaus')
```

```
PROCEDURE SetTextJustify(Horiz,Vert: Word)
```

SetTextStyle

Grafik-Prozedur, Graph, 4

SetTextStyle(Zeichensatz,Rotation,Groesse)
Zeichensatz (Font), Rotation (Ausgabe von links nach rechts (HorizDir) bzw. von unten nach oben (VertDir)) und Groesse von Textzeichen festlegen (Konstanten siehe Unit Graph).
Ab jetzt große Schrift 8 (1 als normale Größe) festlegen:

```
- SetTextStyle(GothicFont,HorizDir,8)
```

```
PROCEDURE SetTextStyle(Font,Dir,CharSize: Word)
```

SetTime

Datum-Prozedur, Dos, 4

Die Systemzeit setzen (siehe GetTime, GetDate, SetDate).

```
PROCEDURE SetTime(Std,Min,Sek,SekHundertstel: Word)
```

SetViewPort

Grafik-Prozedur, Graph, 4

Ein Grafik-Zeichenfenster einrichten.
Ein 130 Pixel breites Fenster oben links einrichten; die Linie endet bei 130,130 (ClipOn schneidet den Rest ab):

```
- SetViewPort(0,0,130,130,ClipOn);
  LineTo(150,150)
```

```
PROCEDURE SetViewPort(x1,y1,x2,y2: Word; Clip: Boolean)
```

SetVisualPage

Grafik-Prozedur, Graph, 4

SetVisualPage(SeitenNummer)

Festlegen, welche Grafik-Seite sichtbar ist (mit SetActivePage wird festgelegt, auf welche Seite gezeichnet wird):

```
- SetVisualPage(0);  {sichtbar}
  SetActivePage(1); ...;  {unsichtbar zeichnen}
  SetVisualPage(1)  {nun für den Benutzer sichtbar}
```

```
PROCEDURE SetVisualPage(Seite: Word)
```

SHL

Logischer Operator

i := IntegerAusdruck SHL BitAnzahl

Die Bits im Ausdruck um die angegebene Bitanzahl nach links verschieben (SHL für SHift Left).

256 nach i1 zuweisen (aus 000001000 wird 100000000):

```
- i1 := 8 SHL 5
```

Da sich die Stellenwerte einer Binärzahl bei jedem Schritt nach links verdoppeln, entspricht "Zahl4 SHL 1" der Operation "Zahl4*2" (Vorteil: Verschiebeoperationen sind viel schneller als Multiplikationsoperationen).

```
-- Write('Verdopplung von Zahl4: ',Zahl4 SHL 1)
```

ShortInt

Standard-Datentyp, 4

VAR Variablenname: ShortInt

In Pascal 4.0 sind die Integer-Typen ShortInt, Integer, LongInt, Byte und Word vordefiniert. ShortInt umfaßt den Wertebereich -128..127 (8-Bit-Zahlen mit Vorzeichen).

ShowTurtle

Turtle-Prozedur, Graph3

Eine mit HideTurtle versteckte Turtle wieder anzeigen.

```
PROCEDURE ShowTurtle  (ohne Parameter)
```

SHR

Arithmetischer Operator

i := IntegerAusdruck SHR BitAnzahl

Die Bits im Ausdruck um die angegebene Bitanzahl nach rechts verschieben (SHR für SHift Right).

1 nach i2 zuweisen (aus 1000 wird 0001):

```
- i2 := 8 SHR 3
```

Verschiebeoperation "Zahl3 SHR 1" gleich "Zahl3 DIV 2":

```
- Write('Halbierung von Zahl3: ',Zahl3 DIV 2)
```

Sin

Arithmetische Funktion

r := Sin(IntegerAusdruck / RealAusdruck)

Für einen Ausdruck den Sinus im Bogenmaß angeben.

Sinus von Pi/2 als rechtem Winkel ergibt 1.0:

```
- WriteLn(Sin(Pi/2))
```

```
FUNCTION Sin(i: Integer): Real
FUNCTION Sin(r: Real): Real
```

Single
Standard-Datentyp, 4

In Pascal 4.0 sind die Real-Typen Real, Single, Double, Extended und Comp vordefiniert. Single umfaßt den Bereich von 1.5*E-45 bis 3.4*E38 (Genauigkeit 7-8 Stellen) und setzt einen numerischen Coprozessor voraus.

SizeOf
Speicher-Funktion

i := SizeOf(Variable / Typp)
Anzahl der durch die Variable bzw. den Datentyp im RAM belegten Bytes angeben (in Pascal 3.0 ist anstelle von Word der Funktionstyp Integer vorgesehen).
Auf dem Heap die korrekte Anzahl von Bytes reservieren:

```
- VAR p: ^Integer;
  BEGIN GetMem(p, SizeOf(Integer))
```

```
FUNCTION SizeOf(VAR Variablenname): Word
FUNCTION SizeOf(Datentypname): Word
```

Sound
E/A-Prozedur, Crt

Sound(FrequenzInHertz)
Einen Ton in der angegebenen Frequenz so lange ausgeben, bis der Lautsprecher durch die Prozedur NoSound abgeschaltet wird (in Pascal 3.0: Integer anstelle Word).
Einen Ton mit 400 Hertz ca. 6 Sekunden ausgeben:

```
- Sound(400); Delay(6000); NoSound
```

```
PROCEDURE Sound(Frequenz: Word)
```

SPtr
Speicher-Funktion, 4

Den aktuellen Wert des Stackzeigers (SP-Register) in Form des Offsets der Stackspitze angeben.

```
FUNCTION SPtr: Word
```

Sqr
Arithmetische Funktion

x := Sqr(IntegerAusdruck / Real-Ausdruck)
Das Quadrat des genannten Ausdrucks angeben.
64 als Integer und daneben 2.25 als Real anzeigen:

```
- Write(Sqr(8),' ',Sqr(-1.5))
```

```
FUNCTION Sqr(i: Integer): Integer
FUNCTION Sqr(r: Real): Real
```

Sqrt
Arithmetische Funktion

r := Sqrt(RealAusdruck)
Die Quadratwurzel des genannten Ausdrucks angeben.
4.00 der Real-Variablen Wurzel zuweisen:

```
- Wurzel := Sqrt(16)
FUNCTION Sqrt(r:Real): Real
```

SSeg

Speicher-Funktion

Adresse des Stack-Segments als Inhalt des Prozessor-Registers SS angeben (siehe CSeg). Der Funktionswert in Pascal 3.0 ist Integer.

```
FUNCTION SSeg: Word
```

Str

Transfer-Prozedur

Str(x,s)
Den numerischen Wert von x in einen String umwandeln und in der Variablen s abspeichern. x ist ein beliebiger numerischer Ausdruck und s ist eine STRING-Variable.
Zahl 7000 in String '7000' umwandeln und in s1 ablegen:

```
- Str(7000,s1)
```

Zuerst formatieren und dann in s2 '7000.66' ablegen:

```
- Str(7000.661:8:2,s2)
```

```
PROCEDURE Str(i: Integer; VAR Zeichenkette: String)
PROCEDURE Str(r: Real; VAR Zeichenkette: String)
```

STRING

Datenstruktur

STRING[Maximallänge] bzw. STRING
Die Datenstruktur String als Zeichenkette (Ziffern, Buchstaben, Sonderzeichen vom Char-Typ) ist mit einer Maximallänge von bis zu 255 Zeichen vereinbar. Bei Fehlen der Längenangabe wird 255 als Standardlänge eingestellt (nicht in Pascal 3.0).
Stringvariable s für maximal 50 Zeichen vereinbaren:

```
- VAR s: STRING[50]
```

Datentyp Stri50 zuerst explizit vereinbaren:

```
- TYPE Stri50 = STRING[50]
  VAR s: Stri50;
```

Direktzugriff auf 6. Zeichen über Indexvariable i:

```
- i := 6; WriteLn(s[i])
```

In Pascal 3.0 nicht erlaubt (da explizit zu vereinbaren):

```
- PROCEDURE Demo(T4:STRING)
```

Succ

Ordinale Funktion

x := Succ(SkalarAusdruck)
Nachfolger (Successor) des Ergebnisses angeben (Umkehrung der Funktion Pred)
'B', -6 und False als Nachfolgewerte ausgeben:

```
- WriteLn(Succ('A'),Succ(-7),Succ(True))
```

```
FUNCTION Succ(x:Skalar): Skalar
```

Swap

Speicher-Funktion

Swap(IntegerAusdruck / WordAusdruck)
Nieder- und höherwertige Bytes des Ausdrucks austauschen (in Pascal 3.0 ist nur Integer erlaubt).

```
FUNCTION Swap(i: Integer): Integer
FUNCTION Swap(w: Word): Word
```

System

Standard-Unit, 4

Sämtliche Standardprozeduren und Standardfunktionen sind in der Unit System vereinbart. Diese Unit wird automatisch als äußerster Block in jedes Programm aufgenommen. Eine Anweisung wie "USES System" ist weder erforderlich noch zulässig. Die übrigen Standard-Units Crt, Dos, Graph3, Printer, Turbo3 und Graph hingegen müssen - bei Bedarf - jeweils mit USES aktiviert werden.

Text

Datenstruktur

VAR Dateiname: Text

Der Standard-Dateityp Text kennzeichnet eine Datei mit zeilenweise angeordneten Strings (siehe auch Dateitypen FILE und FILE OF). Die Textzeile als Dateikomponente wird durch Return, ASCII-Code 13, ASCII-Code 10 bzw. eine CrLF-Sequenz abgeschlossen. Standard-Prozeduren sind Append, Assign, Flush, Read, ReadLn, Reset, Rewrite, SetTextBuf, Write und WriteLn. Standard-Funktionen sind EoF, EoLn, SeekEoF und SeekEoLn.

TextAttr

E/A-Variable, Crt, 4

VAR TextAttr: Byte

Das durch TextColor bzw. TextBackground gesetzte Attribut für Textzeichen bereitstellen. Die Anordnung der Bits 7-0 in TextAttr ist "Bhhhvvvv" (B = Blinken, hhh = Hintergrundfarbe 0-7 und vvvv = Vordergrundfarbe 0-15). Rote Zeichen auf gelbem Hintergrund blinken lassen:

```
- TextAttr := Red + Yellow*16 + Blink
```

TextBackground

E/A-Prozedur, Crt

TextBackground(FarbNummer)

Texthintergrundfarbe in einer der dunklen Farben 0-7 festlegen.

Zwei identische Befehle zum Einstellen von Rot:

```
- TextBackground(Red); TextBackground(4)
```

```
PROCEDURE TextBackground(Farbe: Byte)
```

TextColor

E/A-Prozedur, Crt

TextColor(Farbe)

Eine von 16 Farben 0-15 (siehe Unit Crt) für die Textzeichen einstellen. Blink hat den Wert 128 (in Pascal 3.0 ist Blink=16; aus Kompatibilitätsgründen wird das Blink-Bit gesetzt, sobald als Farbe ein Wert über 15 festgestellt wird).

Identische Aufrufe zum Einstellen der hellblauen Farbe:

```
- TextColor(9); TextColor(LightBlue)
```

Standard-Konstante Blink läßt die Zeichen blinken:

```
- TextColor(LightBlue + Blink)
```

Identische Aufrufe für weiß blinkende Zeichen:

```
- TextColor(31); TextColor(47)
```

```
PROCEDURE TextColor(Farbe: Integer)
```

TextHeight

Grafik-Funktion, Graph, 4

Höhe eines Textstrings in Pixel angeben (Ergebnis 8 bei Standard-Zeichensatz und Vergrößerungsfaktor 1 (8*8 Pixel), Ergebnis 16 bei Vergrößerungsfaktor 2, usw.).

```
FUNCTION TextHeight(Zeichen: STRING): Word
```

TextMode

E/A-Prozedur, Crt

TextMode(BildschirmModus)
Einen bestimmten Textmodus einstellen (BW40, BW80, C40, C80, Mono und Last, siehe Unit Crt), wobei der Bildschirm gelöscht und die Variablen DirectVideo und CheckSnow auf True gesetzt werden. Abweichungen in Pascal 3.0: Anstelle von Text-Mode(Last) ist TextMode (parameterlos) aufzurufen. Anstelle des Word-Typs ist der Integer-Typ vorgesehen.
Vor Beenden eines Grafikprogramms sollte das System auf den 80-Zeichen-Textmodus zurückgesetzt werden:

```
- TextMode(BW80)
```

```
PROCEDURE TextMode(Modus: Word)
```

TextWidth

Grafik-Funktion, Graph, 4

w := TextWidth(Zeichenkette)
Die Breite eines Textstrings angeben (siehe TextHeight).

```
FUNCTION TextWidth(Zeichen: STRING) : Word
```

TINST.EXE

Turbo-Datei

Turbo Pascal 4.0 enthält zwei Compiler: Die integrierte Entwicklungsumgebung (siehe TURBO.EXE und die Kommandozeilen-Version (siehe TPC.EXE). Die Installation besteht im Kopieren von Dateien und ggf. im Aufruf der TINST-Datei.

THEN

Reserviertes Wort

Den Ja-Zweig bei der Kontrollanweisung IF-THEN-ELSE einleiten.

TO

Reserviertes Wort

Den Endwert bei der Zählerschleife FOR-TO-DO begrenzen.

TPC.EXE

Turbo-Datei, 4

Der Turbo Pascal-Compiler wird in zwei Versionen angeboten: Als integrierte Entwicklungsumgebung (TURBO.EXE) und als Kommandozeilen-Version (TPC.EXE). Die Schalter des Compilers werden über Kommandozeilen-Parameter gesetzt. Das Format zum Aufruf von TPC.EXE lautet:

```
- TBC /Parameter/ Dateiname /Parameter/
```

Trm

Geräte-Datei, 3

Terminal als Ausgabeeinheit ohne Interpretation einstellen.

```
- WriteLn(Trm,'Test ausgeben')
```

True

Standard-Konstante

b := True
Mit dem Wert True (wahr) vordefinierte Boolean-Konstante.

Trunc

Transfer-Funktion

i := Trunc(RealAusdruck)
Den ganzzahligen Teil angeben, d.h. die nächstgrößere Zahl (Ausdruck positiv) bzw. nächstkleinere Zahl (Ausdruck negativ). Trunc schneidet ab. In Pascal 3.0 lautet der Ergebnistyp Integer.
Bildschirmausgabe der beiden ganzen Zahlen -3 und 10000:

```
- Write(Trunc(-3.9),' ',Trunc(9999))

FUNCTION Trunc(r:Real): LongInt
```

Truncate

Datei-Prozedur

Truncate(Dateivariable)
Eine Datei an der aktuellen Position des Dateizeigers abschneiden. Alle Sätze hinter dieser Position gehen verloren.
Die Datei TelFil verkleinern:

```
- Truncate(TelFil)

PROCEDURE Truncate(f: File)
```

Turbo3

Standard-Unit, 4

In dieser Unit sind Routinen zusammengefaßt, die die Abwärtskompatibilität von Pascal 4.0 zu Pasacl 3.0 herstellen.

TURBO.COM

Turbo-Datei, 3

Entwicklungsumgebung von Turbo Pascal in Version 3.0.

TURBO.EXE

Turbo-Datei, 4

Integrierte Entwicklungsumgebung von Turbo Pascal in Version 4.0. Folgende Minimalkonfiguration ist angezeigt:
Systemdiskette mit TURBO.EXE, TURBO.TPL (Unit-Bibliothek mit den Standard-Units System, Dos, Crt, Printer, Graph, Turbo3 und Graph3) und TINST.EXE (Installationsprogramm).
Arbeitsdiskette mit den Dateien TURBO.HLP (Hilfe-Texte), GRAPH.TPU (Unit Graph) und Benutzerprogrammen.

TURBO.TPL

Turbo-Datei, 4

Diese Datei wird bei jedem Start der integrierten Entwicklungsumgebung (TURBO.EXE) wie Kommandozeilen-Version (TPC.EXE) automatisch geladen, um die Standard-Units bereitzustellen. Mit Ausnahme der Unit System müssen diese durch eine USES-Anweisung aktiviert werden (z.B. USES Crt). TURBO.TPL (Turbo Pascal Library) sollte im gleichen Verzeichnis wie TURBO.EXE gespeichert sein.

TurnLeft

Turtle-Prozedur, Graph3

TurnLeft(WinkelInGrad)
Die Turtle um eine Gradzahl drehen (+ links, - rechts).
Eine Turtle um 45 Grad nach links drehen:

```
- TurnLeft(-45)
```

```
PROCEDURE TurnLeft(Winkel: Integer)
```

TurnRight

Turtle-Prozedur, Graph3

TurnRight(WinkelInGrad)
Die Turtle um eine Gradzahl drehen (+ rechts, - links).

```
PROCEDURE TurnRight(Winkel: Integer)
```

TurtleDelay

Turtle-Prozedur, Graph3

TurtleDelay(ZeitInMillisekunden)
Die Turtle erst nach einer bestimmten Zeitspanne bewegen lassen. Erst nach ungefähr 6 Sekunden (abhängig von der CPU-Taktfrequenz) bewegt sich die Turtle:

```
- TurtleDelay(6000)
```

```
PROCEDURE TurtleDelay(Millisekunden: Integer)
```

TurtleThere

Turtle-Funktion, Graph3

b := TurtleThere
True angeben, wenn die Turtle sichtbar ist, d.h. nicht mit der Prozedur HideTurtle versteckt worden ist.

```
FUNCTION TurtleThere: Boolean
```

TurtleWindow

Turtle-Prozedur, Graph3

TurtleWindow(x,y,Breite,Hoehe: Integer)
Einen Bildschirmbereich als aktives Fenster einrichten. Die Koordinaten (x,y) legen den Fenstermittelpunkt (0,0) fest (-150-0 bzw. -319-0 für die x-Koordinaten links vom Mittelpunkt; 0-100 für y-Koordinaten oberhalb des Mittelpunktes). Breite legt die Bildschirmbreite in Bildpunkten fest. Hoehe legt die Bildschirmhöhe in Bildpunkten fest.
Voreingestelltes Fenster im 320*200-Modus:

```
- TurtleWindow(159,99,320,200)
```

```
PROCEDURE TurtleWindow(x,y,Breite,Hoehe: Integer)
```

TYPE

Reserviertes Wort

TYPE Datentypname = Datentyp

Ergänzend zu den vordefinierten Standard-Datentypen Byte, Boolean, Char, Integer (ShortInt, LongInt, Word) und Real (Single, Double, Extended, Comp) kann man über TYPE eigene Datentypen vereinbaren (benutzerdefinierte Typen). Dem Wort TYPE folgen die durch ";" getrennten Typzuweisungen.

Den vordefinierten einfachen Datentyp Integer umbenennen:

```
-  TYPE GanzeZahl = Integer
```

Einen Umsatztyp und drei Variablen dieses Type vereinbaren:

```
-  TYPE Umsatztyp = ARRAY[1..31] OF Real;
   VAR USued, UNord, UWest: Umsatztyp
```

Einen zusätzlichen Datentyp durch Aufzählung definieren:

```
-  TYPE Tag = (Mo,Di,Mi,Don,Fr,Sa,So)
```

Einen zusätzlichen Datentyp durch Teilbereichsangabe:

```
-  TYPE Artikelnummer = 1000..1700
```

UNIT

Reserviertes Wort, 4

Das Wort PROGRAM markiert den Anfang eines Programms als Folge von Anweisungen. Das Wort UNIT markiert den Anfang einer Unit als besondere Programmform. Eine Unit ist eine Bibliothek von Vereinbarungen, die getrennt compiliert ist und bei Bedarf in ein Programm aufgenommen und benutzt werden kann. Es gibt zwei Typen von Units: Standard-Units, die in der Datei TURBO.TPL bereitgestellt werden, und benutzerdefinierte Units. Beide Typen sind identisch aufgebaut. Eine Unit besteht aus den drei Teilen Interface, Implementation und Initialisierung:

```
-  UNIT NameDerUnit;
   INTERFACE
     USES Liste der benutzten Units; {optional}
     {öffentliche Vereinbarungen}
   IMPLEMENTATION
     {nicht-öffentliche Vereinbarungen}
   BEGIN
     {Initialisierung}
   END.
```

Vereinbarung einer benutzerdefinierten Unit DemoLib:

```
-  UNIT DemoLib:
   INTERFACE
     PROCEDURE Zweifach(VAR Zahl: Integer);
     FUNCTION Kleiner(z:Integer): Integer;
   IMPLEMENTATION
     PROCEDURE Zweifach;
     BEGIN Zahl := Zahl * 2;
       WriteLn('Zweifach: ',Zahl)
     END;
     FUNCTION Dreifach;
     CONST d = 3
     BEGIN Dreifach := z * d
     END
   {Initialisierungs-Teil ist leer}
   END
```

Benutzung der in Unit DemoLib vereinbarten Routinen:

```
- PROGRAM Zahlen1;
  USES DemoLib;
  VAR x: Integer;
  BEGIN
    Write('Eine Zahl? '); ReadLn(x);
    Zweifach(x);
    WriteLn('... und nun verdreifacht: ',Dreifach(x))
  END.
```

UnPackTime

Datum-Prozedur, Dos, 4

UnPackTime(Zeit,DatumAlsRecord)
Datum und Uhrzeit aus einem (von GetFTime, PackTime, FindFirst und FindNext erzeugten) gepackten Format in einen Record vom Typ DateTime umwandeln (DateTime-Typ siehe PackTime).

```
PROCEDURE UnPackTime(Z:LongInt; VAR D:DateTime)
```

UNTIL

Reserviertes Wort

REPEAT ... UNTIL ...
Anweisungsblock der Schleife REPEAT-UNTIL beenden.

UpCase

String-Funktion

c := UpCase(Zeichen)
Das angegebene Zeichen in Großschreibung umwandeln.
Alle Zeichen des Strings Buchstaben in Großschreibung:

```
- FOR Ind := 1 TO Length(Buchstaben) DO
    Buchstaben[Ind] := UpCase(Buchstaben[Ind]
```

```
FUNCTION UpCase(c: Char): Char
```

USES

Anweisung, 4

USES UnitName1 /,UnitName2/
Ein oder mehrere Units in einem Programm benutzen. Wird keine USES-Anweisung angegeben, so wird nur die Unit System in das Programm eingebunden. Benutzt eine Unit andere Units, so ist sie nach diesen Units anzugeben:

```
- USES Crt, Turbo3
```

Bei mehrfach vereinbarten Bezeichnern (z.B. KeyPressed) werden diese durch Voranstellen des Unitnamens mit "." qualifiziert:

```
- KeyPressed   {Prozedur einer Benutzer-Unit}
  Turbo3.KeyPressed   {Prozedur der Unit Turbo3}
```

Usr

Geräte-Datei, 3

I/O-Gerät, über das benutzerdefiniert eine Ausgabe geleitet werden kann.

Val

Transfer-Prozedur

Val(s,x,i)
Einen String s in einen numerischen Wert x umwandeln: s als beliebiger String-Ausdruck. x als Integer-Variable oder Real-Variable. i als Integer-Variable für die Fehlerposition in s.
String '77' in Integer i1 umwandeln mit 0 in Fehler:

```
- Val('77',i1,Fehler)
```

String '77.412' in Real r1 umwandeln mit 0 in Fehler:

```
- Val('77.412',r1,Fehler)
```

String '9w' nicht umzuwandeln, Position 2 in Fehler:

```
- Val '9w',r2,Fehler)
```

Absturzsichere Real-Eingabe nach r9 über Hilfsstring s9:

```
- REPEAT
    ReadLn(s9); Val(s9,r9,Fehler)
  UNTIL Fehler = 0
```

```
PROCEDURE Val(s:String; VAR i,Err:Integer)
PROCEDURE Val(s:String; VAR r:Real; VAR Err:Integer)
```

VAR

Reserviertes Wort

VAR Variablenname: Datentypname
Mit VAR wird der Vereinbarungsteil für Variablen eingeleitet. Wie jede Vereinbarung kann auch VAR mehrmals im Quelltext vorkommen. Die Reihenfolge der Vereinbarungen VAR, LABEL, CONST, TYPE, PROCEDURE und FUNCTION ist beliebig.
Das Zeichen ":" trennt Variablennamen und Datentypen:

```
- VAR
    Endbetrag: Real;
    ZwischensummeDerRechnungen: Real;
    Name: STRING[20];
```

Variablen gleicher Typen in einer Zeile aufzählen:

```
- VAR
    Endbetrag, ZwischensummeDerRechnungen: Real;
```

WhereX

E/A-Funktion, Crt

SpaltenNr := WhereX
Relativ zum aktiven Fenster die Spaltennummer angeben, in der sich der Cursor befindet.

```
- WriteLn('Cursor in Spalte ',WhereX);
```

```
FUNCTION WhereX: Byte
```

WhereY

E/A-Funktion, Crt

ZeilenNr := WhereY
Relativ zum aktiven Fenster die Zeilennummer angeben, in der sich der Cursor befindet.

```
FUNCTION WhereY: Byte
```

WHILE-DO

Anweisung

WHILE BooleanAusdruck DO Anweisung
Eine abweisende Wiederholungsstruktur kontrollieren: Die Anweisung (ggf. Block) ausführen, solange die Auswer-

tung des Booleschen Ausdrucks den Wert True ergibt. Ist der Ausdruck beim Schleifeneintritt False, wird der Anweisungsblock nie ausgeführt (kopfgesteuerte Schleife).
Die Eingabe des Benutzers beendet die Wiederholung:

```
- Write('Zahl (999=Ende)? '); ReadLn(Zahl)
  WHILE Zahl <> 999 DO
  BEGIN
    ...;
    Write('Zahl (999=Ende)? '); ReadLn(Zahl)
  END (*von WHILE*)
```

Die Zahlen 1,2,...,50 aufsummieren:

```
- Summe := 0; i := 0;
  WHILE i < 50 DO
  BEGIN
    i := i + 1; Summe := Summe + i
  END
```

WindMax

E/A-Variable, Crt, 4

Die Koordinaten der rechten unteren Ecke des aktiven Fensters speichern (die Koordinaten werden im Normalfall über Window gesetzt). X steht im niederwertigen und Y im höherwertigen Byte.

```
- Write('Unterer Fensterrand: ',Hi(WindMax))

VAR WindMax: Word
```

WindMin

E/A-Variable, Crt, 4

Die Koordinaten der linken oberen Fensterecke angeben.

```
- Write('Linker Fensterrand: ',Lo(WindMin))

VAR WindMin: Word
```

Window

E/A-Prozedur, Crt, 4

Window(x1,y1, x2,y2)
Textfenster mit (x1,y1) für die linke obere und (x2,y2) für die rechte untere Ecke einrichten und den Cursor in die Home-Position (1,1) setzen. Der gesamte Bildschirm ist als aktives Fenster voreingestellt:

```
- Window(1,1,80,25)

PROCEDURE Window(x1,y1,x2,y2: Byte)
```

WITH

Anweisung

WITH RECORD-Variable DO Anweisung
Den Zugriff auf RECORD-Komponenten nur über den Komponentennamen (d.h. ohne den durch das Zeichen "." getrennten Namen der RECORD-Variablen) vornehmen.
Die folgenden beiden Zuweisungen bewirken dasselbe:

```
- TelRec.Name := 'Hild';
  WITH TelRec DO Name := 'Hild'
```

Word

Standard-Datentyp, 4

Neben ShortInt, Integer, LongInt und Byte zählt Word zu den Integer-Typen (Wertebereich 0..65535, 16-Bit-Format ohne Vorzeichen).

Wrap

Turtle-Prozedur, Graph3

Wrap
Turtle bei Erreichen der Fenstergrenze am anderen Fensterrand wieder auftauchen lassen.

```
PROCEDURE Wrap
```

Write

Datei-Prozedur

Write(Dateivariable,Datensatzvariable)
Auf eine Datei mit konstanter Datensatzlänge schreibend in zwei Schritten zugreifen: 1. Datensatz vom RAM auf die Diskettendatei schreiben. 2. Dateizeiger um eine Position erhöhen.
Den in der Datensatzvariablen TelRec abgelegten Datensatz an die Position auf Diskette speichern, auf die der Dateizeiger gerade zeigt:

- `Write(TelFil,TelRec)`

```
PROCEDURE Write(VAR f:File OF Type; VAR v:Type)
```

Write(Dateivariable,Var1,Var2,...)
Auf eine Datei mit variabler Datensatzlänge schreibend in zwei Schritten zugreifen: 1. Den Inhalt der Variablen Var1, Var2, ... als nächste Einträge auf Diskette speichern. 2. Dateizeiger um die entsprechende Anzahl erhöhen.
Den Inhalt von Name, Summe und Datum als die nächsten drei Einträge auf Diskette speichern:

- `Write(NotizFil,Name,Summe,Datum)`

```
PROCEDURE Write(VAR f:File OF Type; VAR v:Type)
```

Write

E/A-Prozedur

Write(Ausgabeliste)
Wie WriteLn, aber ohne Zeilenschaltung CRLF am Ende.

PROCEDURE Write(/VAR f:Text,/ b:Boolean)
PROCEDURE Write(/VAR f:Text,/ c:Char)
PROCEDURE Write(/VAR f:Text,/ i:Integer)
PROCEDURE Write(/VAR f:Text,/ r:Real)
PROCEDURE Write(/VAR f:Text,/ s:String)

WriteLn

E/A-Prozedur

WriteLn(Ausgabeliste)
Die in der Ausgabeliste mit "," aufgezählten Daten am Bildschirm ausgeben. Die Ausgabeliste kann Konstanten, Variablen, Ausdrücke und Funktionsaufrufe enthalten.
Werte von drei Variablen nebeneinander ausgeben:

- `WriteLn(Nummer,Name,Umsatz)`

Werte von drei Variablen mit Leerstelle getrennt:

- `WriteLn(Nummer,' ',Name,' ',Umsatz);`

Stringkonstanten und ein Funktionsergebnis ausgeben:

- `WriteLn('Ergebnis: ',Summe(r1+r2):10:2,' DM.')`

Zeilenschaltung CRLF und dann dreimal die Glocke:

- `WriteLn; Write(^G^G^G)`

Integer-Wert formatieren (10 Stellen rechtsbündig):

- `WriteLn(Nummer:10)`

Real-Wert formatieren (8 Stellen gesamt, 2 Stellen hinter dem "." (der "." belegt auch eine Stelle):

```
- WriteLn(Umsatz:8:2)

PROCEDURE WriteLn(/VAR f:File,/ ... siehe Write ...)
PROCEDURE WriteLn
```

WriteLn

E/A-Prozedur, Printer

WriteLn(Lst,DruckAusgabeliste)
Daten gemäß der DruckAusgabeliste ausdrucken (Anweisung Write (ohne Zeilenschaltung) entsprechend).
Ein Wort mit doppelter Zeilenschaltung drucken:

```
- USES Printer
- BEGIN WriteLn('griffbereit'); WriteLn(Lst)

PROCEDURE WriteLn(Lst, ... siehe Write ...)
```

XCor

Turtle-Funktion, Graph3

i := XCor
Spaltenposition der Turtle im aktiven Fenster nennen.

```
FUNCTION XCor: Integer
```

XOR

Arithmetischer Operator

i := IntegerAusdruck XOR IntegerAusdruck
Ganzzahlige Ausdrücke mit "exklusiv ODER" bitweise so verknüpfen, daß nur bei gleichen Bits das Ergebnisbit gelöscht wird.
Zahl 8 nach i7 zuweisen (1110 XOR 0110 ergibt 1000):

```
- i7 := 14 XOR 6
```

XOR

Logischer Operator

b := BooleanAusdruck XOR BooleanAusdruck
Boolesche Ausdrücke mit "exklusiv ODER" verknüpfen:

True XOR True	ergibt False
True XOR False	ergibt True
False XOR True	ergibt True
False XOR False	ergibt False

Fehlerhinweis nur bei verschiedenen Vergleichsergebnisse:

```
- IF (Wahl>5) XOR (B<1000) THEN Write('Fehler.')
```

YCor

Turtle-Funktion, Graph3

i := YCor
Zeilenposition der Turtle im aktiven Fenster angeben.

```
FUNCTION YCor: Integer
```

Zeigervariable := @Bezeichner
Die Adresse einer Variablen oder Routine (Funktion, Prozedur) bestimmen und einem Zeiger zuweisen.
Einen Zeiger auf den Operanden Zahl als seine Adresse liefern:

```
- ZahlPtr := @Zahl
```

:= Anweisung

x := Ausdruck
Zuweisungsanweisung durch den ":="-Operator in zwei Schritten ausführen: 1. Den Wert des rechts von ":=" angegebenen Ausdruck ermitteln. 2. Diesen Wert der links von ":=" angegebenen Variablen zuweisen, wobei ihr bisheriger Inhalt überschrieben wird.
Eine Summenvariable initialisieren (Anfangswert 0):

```
- Summe := 0
```

Wert der Summenvariablen um einen Betrag erhöhen:

```
- Summe := Summe + Betrag
```

Zwei Strings verketten:

```
- BuchTitel := 'Turbo Pascal' + ' griffbereit'
```

{ } Anweisung

{ Kommentar }
Kommentar als Zeichenkette, die mit "{" beginnt und mit "}" endet, ist eine "Anweisung", die vom Compiler übergangen wird.

(* *) als Ersatzdarstellung für { } verwenden:

```
- {Kommentierung so ...} (*oder aber so... *)
```

Eine Pascal-Anweisung kommentieren:

```
- z := z + 1;       {Schleifenzähler wird erhöht}
```

Drei Anweisungen auskommentieren, d.h. (vorläufig zu Testzwecken) nicht zur Ausführung bringen:

```
- { Funktionswert; Summieren(z); Write('ausgeführt') }
```

Kommentarbegrenzer in Strings werden übergangen:

```
- WriteLn('Mein Name {... so Hase} ist Hase.')
```

4.1 Compiler-Befehle

{$B+} oder {$B-} — Schalter (lokal)

Boolesche Ausdrücke auswerten
Die Code-Erzeugung bei der Auswertung zusammengesetzter Ausdrücke mit den Operatoren AND und OR kontrollieren.
{$B+} zur Komplettauswertung logischer Ausdrücke.
{$B-} zum Kurzschlußverfahren. Beispiel: sobald ein Teil einer AND-Operation den Wert False ergibt, wird der Ausdruck nicht weiter ausgewertet.
{$B-} als Voreinstellung.

`Menübefehl: Options/Compiler/Boolean evalutation`

{$D+} oder {$D-} — Schalter (global)

Zusatzinformation zur Fehlersuche erzeugen
Beim Compilieren einer Unit wird die Information in der TPU-Datei abgelegt. Beim Compilieren eines Programms wird die Information im RAM (Compile to Memory) bzw. in einer TPM-Datei (Compile to EXE-File bei gesetztem Schalter {$T+}) abgelegt.
{$D+} als Voreinstellung.

`Menübefehl: Options/Compiler/Debug Information`

{$F+} oder {$F-} — Schalter (lokal)

FAR-Aufrufe erzwingen
Mit {$F-} werden Prozeduren und Funktionen als NEAR aufgerufen, sofern sie nicht im Interface-Teil einer Unit stehen.
Mit {$F+} wird immer mit FAR-Aufrufen gearbeitet.
{$F-} als Voreinstellung

`Menübefehl: Options/Compiler/Force far calls`

{$I Name} — Parameter (lokal)

Include-Datei einfügen
Beispiel: Mit {$I Zins1.Pas} fügt der Compiler die Datei Zins1.PAS genau an die Stelle des Quelltextes ein, an der der Befehl {$I Zins1.PAS} steht.

`Menübefehl: Options/Directories/Include directories`

{$I+} oder {$I-}

Schalter (lokal)

I/O-Fehler automatisch prüfen
Mit {$I+} liefert der Compiler nach jedem Ein-/Ausgabebefehl einen Prüfcode, um das Programm ggf. mit einer Fehlermeldung abzubrechen.
Mit {$I-} wird die Fehlerbehandlung vom Programmierer übernommen (siehe Funktion IOResult).
{$I+} als Voreinstellung.

`Menübefehl: Options/Compiler/I/O checking`

{$IF Bed}

Bedingung

Quelltext bedingt compilieren
Mit zwei Konstrukten können Teile des Quelltextes von der Compilierung ausgeschlossen bzw. in die Compilierung einbezogen werden (bedingte Compilierung):
Den Quelltext Text1 nur dann compilieren, wenn die Bedingung Bed wahr ist:

- `{$IF Bed} Text1 {$ENDIF}`

Entweder den Pascaltext Text1 oder Text2 compilieren.

- `{$IF Bed} Text1 {$ELSE} Text2 {$ENDIF}`

Bedingte Compiler-Befehle:

- {$DEFINE Symbolname} definiert das Symbol.
- {$ELSE} beginnt einen ELSE-Teil.
- {$ENDIF} beendet das letzte {$IF....}.
- {$IFDEF Symbolname} erfaßt definierten Text.
- {$IFNDEF Symbolname} erfaßt undefinierten Text.
- {$IFOPT Schalter} compiliert je nach Schalter.
- {$UNDEF Symbolname} löscht das Symbol.

{$L Dateiname}

Parameter (lokal)

Objekt-Datei einbinden
Mit {$L Zins6.OBJ} nimmt der Linker die im Intel-Object-Format mit einem Assembler erzeugte Objekt-Datei Zins6.OBJ in das Programm auf.

`Menübefehl: Options/Directories/Object directories`

{$L+} oder {$L-}

Schalter (global)

Link-Puffer bereitstellen
Mit {$L+} werden die beim Linken erzeugten temporären Tabellen und Daten im RAM zwischengespeichert.
Mit {$L-} wird auf der Diskette zwischengespeichert.
{$L+} als Voreinstellung.

`Menübefehl: Options/Compiler/Link buffer`

{$M S,Hmin,Hmax} Parameter (global)

Größe von Stack und Heap einstellen
Mit S (Stack size) Platz für den Stack reservieren (zwischen 1024 und 65520). Mit Hmin (Low Heap Limit) und Hmax (High Heap Limit) einstellen, wieviel Platz minimal bzw. maximal für den Heap belegt werden soll.
{$M 16384, 0, 655360} als Voreinstellung.

`Menübefehl: Options/Compiler/Memory sizes`

{$N+} oder {$N-} Schalter (global)

Numerische Datentypen bereitstellen
Mit {$N+} werden durch Ansteuerung eines Coprozessors die zusätzlichen Real-Typen Single, Double, Extended und Comp bereitgestellt.
Mit {$N-} steht nur der Datentyp Real zur Verfügung.
{$N-} als Voreinstellung.

`Menübefehl: Options/Compiler/Numeric processing`

{$R+} oder {$R-} Schalter (lokal)

Indexbereichsgrenzen überprüfen
Mit {$R+} wird bei jeder Zuweisung an Array-, Set-, Aufzähl- und Unterbereichstypen die Gültigkeit geprüft und ggf. mit Laufzeitfehlerangabe unterbrochen.
Mit {$R-} wird kein Prüfcode erzeugt.
{$R-} als Voreinstellung.

`Menübefehl: Options/Compiler/Range Checking`

{$S+} oder {$S-} Schalter (lokal)

Stack-Speicherplatz überprüfen
Mit {$S+} wird vor jedem Unterprogrammaufruf geprüft, ob genügend Platz auf dem Stack vorhanden ist.
Mit {$S-} wird ohne Prüfung auf den Stack zugegriffen.
{$S+} als Voreinstellung.

`Menübefehl: Options/Compiler/Stack checking`

{$T+} oder {$T-} Schalter (global)

TPM-Datei erzeugen
Mit {$T+} wird beim Compilieren eine TPM-Datei erzeugt, die später über das Programm TPMAP.EXE gelesen werden kann, um eine MAP-Datei bereitzustellen. Dabei muß {$D+} eingestellt worden sein.
{$T-} als Voreinstellung.

`Menübefehl: Options/Compiler/Turbo pascal map file`

{$U Dateiname} Parameter (lokal)

Unit-Dateiname angeben

Mit diesem Befehl können Units auch dann verwendet werden, wenn der Unitname und der Name der Unit-Datei nicht übereinstimmen. Der {$U}-Befehl muß der entsprechenden USES-Anweisung unmittelbar vorangehen.

`Menübefehl: Options/Directories/Unit directories`

{$V+} oder {$V-} Schalter (lokal)

Stringlänge überprüfen

Mit {$V+} wird beim Prozeduraufruf die Stringlänge der aktuellen Parameter mit der Länge der formalen Parameter verglichen und ggf. ein Fehler gemeldet (strict).
Mit {$V-} muß die Länge der als VAR-Parameter übergebenen Strings nicht gleich sein (relaxed).
{$V+} als Voreinstellung

`Menübefehl: Options/Compiler/Var-string checking`

Strg-F7 Schalter/Parameter

Aktive Befehle einfügen

Mit Strg-F7 (bzw. Ctrl-F7) werden alle über Menübefehle aktivierten Schalter und Parameter an die Stelle des Cursors in den Quelltext eingefügt.

{$R+, S+, I+, D+, T+, F-, V+, B-, N+, L+, M 16384, 0, 655360} als Voreinstellung.

4.2 ASCII-Code

	0	00	<space>	32	20	@	64	40	`	96	60
☺	1	01	!	33	21	A	65	41	a	97	61
☻	2	02	"	34	22	B	66	42	b	98	62
♥	3	03	#	35	23	C	67	43	c	99	63
♦	4	04	$	36	24	D	68	44	d	100	64
♣	5	05	%	37	25	E	69	45	e	101	65
♠	6	06	&	38	26	F	70	46	f	102	66
•	7	07	'	39	27	G	71	47	g	103	67
◘	8	08	(	40	28	H	72	48	h	104	68
○	9	09	)	41	29	I	73	49	i	105	69
◙	10	0A	*	42	2A	J	74	4A	j	106	6A
♂	11	0B	+	43	2B	K	75	4B	k	107	6B
♀	12	0C	,	44	2C	L	76	4C	l	108	6C
♪	13	0D	-	45	2D	M	77	4D	m	109	6D
♫	14	0E	.	46	2E	N	78	4E	n	110	6E
☼	15	0F	/	47	2F	O	79	4F	o	111	6F
►	16	10	0	48	30	P	80	50	p	112	70
◄	17	11	1	49	31	Q	81	51	q	113	71
↕	18	12	2	50	32	R	82	52	r	114	72
‼	19	13	3	51	33	S	83	53	s	115	73
¶	20	14	4	52	34	T	84	54	t	116	74
§	21	15	5	53	35	U	85	55	u	117	75
▬	22	16	6	54	36	V	86	56	v	118	76
↨	23	17	7	55	37	W	87	57	w	119	77
↑	24	18	8	56	38	X	88	58	x	120	78
↓	25	19	9	57	39	Y	89	59	y	121	79
→	26	1A	:	58	3A	Z	90	5A	z	122	7A
←	27	1B	;	59	3B	[	91	5B	{	123	7B
∟	28	1C	<	60	3C	\	92	5C	¦	124	7C
↔	29	1D	=	61	3D	]	93	5D	}	125	7D
▲	30	1E	>	62	3E	^	94	5E	~	126	7E
▼	31	1F	?	63	3F	_	95	5F	Δ	127	7F

Ç	128	80	á	160	A0	└	192	C0	α	224	E0
ü	129	81	í	161	A1	┴	193	C1	β	225	E1
é	130	82	ó	162	A2	┬	194	C2	Γ	226	E2
â	131	83	ú	163	A3	├	195	C3	π	227	E3
ä	132	84	ñ	164	A4	─	196	C4	Σ	228	E4
à	133	85	Ñ	165	A5	┼	197	C5	σ	229	E5
å	134	86	ª	166	A6	╞	198	C6	µ	230	E6
ç	135	87	º	167	A7	╟	199	C7	τ	231	E7
ê	136	88	¿	168	A8	╚	200	C8	Φ	232	E8
ë	137	89	⌐	169	A9	╔	201	C9	Θ	233	E9
è	138	8A	¬	170	AA	╩	202	CA	Ω	234	EA
ï	139	8B	½	171	AB	╦	203	CB	δ	235	EB
î	140	8C	¼	172	AC	╠	204	CC	∞	236	EC
ì	141	8D	¡	173	AD	═	205	CD	φ	237	ED
Ä	142	8E	«	174	AE	╬	206	CE	ε	238	EE
Å	143	8F	»	175	AF	╧	207	CF	∩	239	EF
É	144	90		176	B0	╨	208	D0	≡	240	F0
æ	145	91	░	177	B1	╤	209	D1	±	241	F1
Æ	146	92	▓	178	B2	╥	210	D2	≥	242	F2
ô	147	93	│	179	B3	╙	211	D3	≤	243	F3
ö	148	94	┤	180	B4	╘	212	D4	⌠	244	F4
ò	149	95	╡	181	B5	╒	213	D5	⌡	245	F5
û	150	96	╢	182	B6	╓	214	D6	÷	246	F6
ù	151	97	╖	183	B7	╫	215	D7	≈	247	F7
ÿ	152	98	╕	184	B8	╪	216	D8	°	248	F8
Ö	153	99	╣	185	B9	┘	217	D9	∙	249	F9
Ü	154	9A	║	186	BA	┌	218	DA	·	250	FA
¢	155	9B	╗	187	BB	█	219	DB	√	251	FB
£	156	9C	╝	188	BC	▄	220	DC	ⁿ	252	FC
¥	157	9D	╜	189	BD	▌	221	DD	²	253	FD
₧	158	9E	╛	190	BE	▐	222	DE	■	254	FE
ƒ	159	9F	┐	191	BF	▀	223	DF		255	FF

4.3 Sprachmittel in alphabetischer Ordnung

Abs	(Arithmetische Funktion)	1
ABSOLUTE	(Reserviertes Wort)	1
Addr	(Speicher-Funktion)	1
AND	(Arithmetischer Operator)	1
AND	(Logischer Operator)	2
Append	(Datei-Prozedur)	2
Arc	(Grafik-Prozedur, Graph, 4)	2
Arc	(Grafik-Prozedur, Graph3)	2
ArcTan	(Arithmetische Funktion)	2
ARRAY	(Datenstruktur)	3
Assign	(Datei-Prozedur)	3
AssignCrt	(E/A-Prozedur, Crt, 4)	3
Aux	(Geräte-Datei)	3
Back	(Turtle-Prozedur, Graph3)	3
Bar	(Grafik-Prozedur, Graph, 4)	4
Bar3D	(Grafik-Prozedur, Graph, 4)	4
BDos	(Speicher-Funktion, 3)	4
BDosHL	(Speicher-Funktion, 3)	4
BEGIN-END	(Anweisung)	4
Bios	(Speicher-Funktion, 3)	5
BiosHL	(Speicher-Funktion, 3)	5
BlockRead	(Datei-Prozedur)	5
BlockWrite	(Datei-Prozedur)	5
Boolean	(Standard-Datentyp)	5
BufLen	(Standard-Variable)	6
Byte	(Standard-Datentyp)	6
CASE	(Anweisung)	6
CBreak	(E/A-Variable, Turbo3)	6
Chain	(Datei-Prozedur, 3)	7
Char	(Standard-Datentyp)	7
ChDir	(Datei-Prozedur)	7
CheckBreak	(E/A-Variable, Crt, 4)	7
CheckEoF	(E/A-Variable, Crt, 4)	7
CheckSnow	(E/A-Variable, Crt, 4)	8
Chr	(Transfer-Funktion)	8
Circle	(Grafik-Prozedur, Graph, 4)	8
Circle	(Grafik-Prozedur, Graph3)	8
ClearDevice	(Grafik-Prozedur, Graph, 4)	8
ClearScreen	(Turtle-Prozedur, Graph3)	8
ClearViewPort	(Grafik-Prozedur, Graph, 4)	9
Close	(Datei-Prozedur)	9
CloseGraph	(Grafik-Prozedur, Graph, 4)	9
ClrEoL	(E/A-Prozedur, Crt)	9
ClrScr	(E/A-Prozedur, Crt)	9
ColorTable	(Grafik-Prozedur, Graph3)	9
Comp	(Standard-Datentyp, 4)	10
Compile	(Turbo-Menü)	10
Con	(Geräte-Datei)	10
Concat	(String-Funktion)	10
CONST	(Reserviertes Wort)	10
Copy	(String-Funktion)	10
Cos	(Arithmetische Funktion)	11
Crt	(Standard-Unit)	11
CrtExit	(E/A-Prozedur, 3)	11
CrtInit	(E/A-Prozedur, 3)	12
CSeg	(Speicher-Funktion)	12

Dec	(Ordinale Prozedur, 4)	12
Delay	(E/A-Prozedur, Crt)	12
Delete	(String-Prozedur)	12
DelLine	(E/A-Prozedur, Crt)	13
DetectGraph	(Grafik-Prozedur, Graph, 4)	13
DirectVideo	(E/A-Variable, Crt, 4)	13
DiskFree	(Plattenstatus-Funkt., Dos, 4)	13
DiskSize	(Plattenstatus-Funkt., Dos, 4)	13
Dispose	(Heap-Prozedur)	13
DIV	(Arithmetischer Operator)	14
DO	(Reserviertes Wort)	14
Dos	(Standard-Unit, 4)	14
DosError	(E/A-Variable, Dos, 4)	14
DosExitCode	(Prozeß-Funktion, Dos, 4)	15
Double	(Standard-Datentyp, 4)	15
DOWNTO	(Reserviertes Wort)	15
Draw	(Grafik-Prozedur, Graph3)	15
DrawPoly	(Grafik-Prozedur, Graph, 4)	15
DSeg	(Speicher-Funktion)	15
Edit	(Turbo-Menü)	16
Ellipse	(Grafik-Prozedur, Graph, 4)	16
ELSE	(Reserviertes Wort)	16
END	(Reserviertes Wort)	16
EoF	(Datei-Funktion)	16
EoLn	(Datei-Funktion)	16
Erase	(Datei-Prozedur)	17
Exec	(Prozeß-Prozedur, Dos, 4)	17
Execute	(Prozeß-Prozedur, 3)	17
Exit	(Anweisung)	17
ExitProc	(Standard-Variable, 4)	17
Exp	(Arithmetische Funktion)	18
Extended	(Standard-Datentyp, 4)	18
EXTERNAL	(Reserviertes Wort)	18
False	(Standard-Konstante)	18
FILE	(Datenstruktur)	18
File	(Turbo-Menü, 4)	18
FILE OF	(Datenstruktur)	19
FileMode	(Standard-Variable, 4)	19
FilePos	(Datei-Funktion)	19
FileSize	(Datei-Funktion)	19
FillChar	(Speicher-Prozedur)	20
FillPattern	(Grafik-Prozedur, Graph3)	20
FillPoly	(Grafik-Prozedur, Graph, 4)	20
FillScreen	(Grafik-Prozedur, Graph3)	20
FillShape	(Grafik-Prozedur, Graph3)	20
FindFirst	(Dateieintrag-Funkt., Dos, 4)	21
FindNext	(Dateieintrag-Funkt., Dos, 4)	21
FloodFill	(Grafik-Prozedur, Graph, 4)	21
Flush	(Datei-Prozedur)	21
FOR-DO	(Anweisung)	21
FORWARD	(Reserviertes Wort)	22
ForWd	(Turtle-Prozedur, Graph3)	22
Frac	(Arithmetische Funktion)	22
FreeMem	(Heap-Prozedur)	22
FreeMin	(Standard-Variable, 4)	22
FreePtr	(Standard-Variable, 4)	23
FUNCTION	(Reserviertes Wort)	23
GetArcCoords	(Grafik-Prozedur, Graph, 4)	23
GetAspectRatio	(Grafik-Prozedur, Graph, 4)	23
GetBkColor	(Grafik-Funktion, Graph, 4)	24
GetColor	(Grafik-Funktion, Graph, 4)	24

GetDate	(Datum-Prozedur, Dos, 4)	24
GetDir	(Datei-Prozedur)	24
GetDotColor	(Grafik-Prozedur, Graph3)	24
GetFAttr	(Dateieintrag-Funkt., Dos, 4)	24
GetFillSettings	(Grafik-Prozedur, Graph, 4)	25
GetFTime	(Datum-Prozedur, Dos, 4)	25
GetGraphMode	(Grafik-Funktion, Graph, 4)	25
GetImage	(Grafik-Prozedur, Graph, 4)	25
GetIntVec	(Interrupt-Prozedur, Dos, 4)	25
GetLineSettings	(Grafik-Prozedur, Graph, 4)	25
GetMaxX	(Grafik-Funktion, Graph, 4)	25
GetMaxY	(Grafik-Funktion, Graph, 4)	26
GetMem	(Heap-Prozedur)	26
GetPalette	(Grafik-Prozedur, Graph, 4)	26
GetPic	(Grafik-Prozedur, Graph3)	26
GetPixel	(Grafik-Funktion, Graph, 4)	26
GetTextSettings	(Grafik-Prozedur, Graph, 4)	26
GetTime	(Datum-Prozedur, Dos, 4)	27
GetViewSettings	(Grafik-Prozedur, Graph, 4)	27
GetX	(Grafik-Funktion, Graph, 4)	27
GetY	(Grafik-Funktion, Graph, 4)	27
GOTO	(Anweisung)	27
GotoXY	(E/A-Prozedur, Crt)	27
Graph	(Standard-Unit, 4)	28
Graph3	(Standard-Unit, 4)	29
GraphBackground	(Grafik-Prozedur, Graph3)	29
GraphColorMode	(Grafik-Prozedur, Graph3)	29
GraphErrorMsg	(Grafik-Funktion, Graph, 4)	29
GraphFreeMem	(Grafik-Prozedur, Graph, 4)	30
GraphGetMem	(Grafik-Prozedur, Graph, 4)	30
GraphMode	(Grafik-Prozedur, Graph3)	30
GraphResult	(Grafik-Funktion, Graph, 4)	30
GraphWindow	(Grafik-Prozedur, Graph3)	30
Halt	(Anweisung)	30
Heading	(Turtle-Funktion, Graph3)	30
HeapError	(Standard-Variable, 4)	31
HeapOrg	(Standard-Variable, 4)	31
HeapPtr	(Standard-Variable)	31
Hi	(Speicher-Funktion)	31
HideTurtle	(Turtle-Funktion, Graph3)	31
HighVideo	(E/A-Prozedur, Crt, Turbo3)	31
HiRes	(Grafik-Prozedur, Graph3)	31
HiResColor	(Grafik-Prozedur, Graph3)	32
Home	(Turtle-Prozedur, Graph3)	32
IF	(Anweisung)	32
ImageSize	(Grafik-Funktion, Graph, 4)	32
IMPLEMENTATION	(Reserviertes Wort,4)	32
IN	(Arithmetischer Operator)	33
Inc	(Ordinale Prozedur, 4)	33
InitGraph	(Grafik-Prozedur, Graph, 4)	33
INLINE	(Anweisung)	33
Input	(Standard-Variable)	33
Insert	(String-Prozedur)	34
InsLine	(E/A-Prozedur, Crt)	34
Int	(Arithmetische Funktion)	34
Integer	(Standard-Datentyp)	34
INTERFACE	(Reserviertes Wort, 4)	34
INTERRUPT	(Reserviertes Wort, 4)	34
Intr	(Interrupt-Prozedur, Dos, 4)	35
IOResult	(Datei-Funktion, 4)	35
IOResult	(Datei-Funktion, Turbo3)	35

Kbd	(Geräte-Datei, Turbo3)	35
Keep	(Prozeß-Prozedur, 4)	36
KeyPressed	(E/A-Funktion, Crt)	36
LABEL	(Reserviertes Wort)	36
Length	(String-Funktion)	36
Line	(Grafik-Prozedur, Graph, 4)	36
LineRel	(Grafik-Prozedur, Graph, 4)	36
LineTo	(Grafik-Prozedur, Graph, 4)	37
Ln	(Arithmetische Funktion)	37
Lo	(Speicher-Funktion)	37
LongFilePos	(Datei-Funktion, Turbo3)	37
LongFileSize	(Datei-Funktion, Turbo3)	37
LongInt	(Standard-Datentyp, 4)	37
LongSeek	(Datei-Prozedur, Turbo3)	38
LowVideo	(E/A-Prozedur, Crt, Turbo3)	38
Lst	(Geräte-Datei, Printer)	38
Mark	(Heap-Prozedur)	38
MaxAvail	(Heap-Funktion, Turbo3)	38
MaxInt	(Standard-Konstante)	39
MaxLongInt	(Standard-Konstante, 4)	39
Mem	(Standard-Variable)	39
MemAvail	(Heap-Funktion, Turbo3)	39
MemL	(Standard-Variable, 4)	40
MemW	(Standard-Variable)	40
MkDir	(Datei-Prozedur)	40
MOD	(Arithmetischer Operator)	40
Move	(Speicher-Prozedur)	40
MoveRel	(Grafik-Prozedur, Graph, 4)	40
MoveTo	(Grafik-Prozedur, Graph, 4)	41
MsDos	(Interrupt-Prozedur, Dos)	41
New	(Heap-Prozedur)	41
NIL	(Standard-Konstante)	41
NormVideo	(E/A-Prozedur, Crt, Turbo3)	41
NoSound	(E/A-Prozedur, Crt)	42
NOT	(Arithmetischer Operator)	42
NOT	(Logischer Operator)	42
NoWrap	(Turtle-Prozedur, Graph3)	42
Nul	(Geräte-Datei, 4)	42
Odd	(Ordinale Funktion)	42
OF	(Reserviertes Wort)	42
Ofs	(Speicher-Funktion)	42
Options	(Turbo-Menü)	43
OR	(Arithmetischer Operator)	43
OR	(Logischer Operator)	43
Ord	(Transfer-Funktion)	43
Output	(Standard-Variable)	43
OutText	(Grafik-Prozedur, Graph, 4)	44
OutTextXY	(Grafik-Prozedur, Graph, 4)	44
OVERLAY	(Reserviertes Wort, 3)	44
OvrDrive	(Datei-Prozedur, 3)	44
OvrPath	(Datei-Prozedur, 3)	44
PACKED ARRAY	(Datenstruktur)	44
PackTime	(Datum-Prozedur, Dos, 4)	45
Palette	(Grafik-Prozedur, Graph3)	45
ParamCount	(Speicher-Funktion)	45
ParamStr	(Speicher-Funktion)	45
Pattern	(Grafik-Prozedur, Graph3)	45
PenDown	(Turtle-Prozedur, Graph3)	46
PenUp	(Turtle-Prozedur, Graph3)	46

Pi	(Arithmetische Funktion)	46
PieSlice	(Grafik-Prozedur, Graph, 4)	46
Plot	(Grafik-Prozedur, Graph3)	46
Port	(Standard-Variable)	46
PortW	(Standard-Variable)	47
Pos	(String-Funktion)	47
Pred	(Ordinale Funktion)	47
PrefixSeg	(Standard-Variable, 4)	47
Printer	(Standard-Unit, 4)	47
PROCEDURE	(Reserviertes Wort)	48
PROGRAM	(Reserviertes Wort)	48
Ptr	(Speicher-Funktion)	49
PutImage	(Grafik-Prozedur, Graph, 4)	49
PutPic	(Grafik-Prozedur, Graph3)	49
PutPixel	(Grafik-Prozedur, Graph, 4)	49
Random	(Speicher-Funktion)	49
Randomize	(Speicher-Prozedur)	50
RandSeed	(Standard-Variable, 4)	50
Rectangle	(Grafik-Prozedur, Graph, 4)	50
Read	(Datei-Prozedur)	50
Read	(E/A-Prozedur)	50
ReadKey	(E/A-Funktion, Crt, 4)	50
ReadLn	(E/A-Prozedur)	50
Real	(Standard-Datentyp)	51
RECORD	(Datenstruktur)	51
Rectangle	(Grafik-Prozedur, Graph, 4)	51
Release	(Heap-Prozedur)	51
Rename	(Datei-Prozedur)	52
REPEAT	(Anweisung)	52
Reset	(Datei-Prozedur)	52
RestoreCrt	(E/A-Prozedur, Crt, 4)	53
RestoreCrtMode	(Grafik-Prozedur, Graph, 4)	53
Rewrite	(Datei-Prozedur)	53
RmDir	(Datei-Prozedur)	53
Round	(Transfer-Funktion)	54
Run	(Turbo-Menü)	54
Seek	(Datei-Prozedur)	54
SeekEoF	(Datei-Funktion)	54
SeekEoLn	(Datei-Funktion)	55
Seg	(Speicher-Funktion)	55
SET OF	(Datenstruktur)	55
SetActivePage	(Grafik-Prozedur, Graph, 4)	55
SetAllPalette	(Grafik-Prozedur, Graph, 4)	55
SetBkColor	(Grafik-Prozedur, Graph, 4)	55
SetColor	(Grafik-Prozedur, Graph, 4)	56
SetDate	(Datum-Prozedur, 4)	56
SetFAttr	(Dateieintrag-Funkt., Dos, 4)	56
SetFillPattern	(Grafik-Prozedur, Graph, 4)	56
SetFillStyle	(Grafik-Prozedur, Graph, 4)	56
SetFTime	(Datum-Prozedur, Dos, 4)	56
SetGraphMode	(Grafik-Prozedur, Graph, 4)	57
SetHeading	(Turtle-Prozedur, Graph3)	57
SetIntVec	(Interrupt-Prozedur, Dos, 4)	57
SetLineStyle	(Grafik-Prozedur, Graph, 4)	57
SetPalette	(Grafik-Prozedur, Graph, 4)	57
SetPenColor	(Turtle-Prozedur, Graph3)	57
SetPosition	(Turtle-Prozedur, Graph3)	58
SetTextBuf	(Datei-Prozedur, 4)	58
SetTextJustify	(Grafik-Prozedur, Graph, 4)	58
SetTextStyle	(Grafik-Prozedur, Graph, 4)	58
SetTime	(Datum-Prozedur, Dos, 4)	58
SetViewPort	(Grafik-Prozedur, Graph, 4)	58

SetVisualPage	(Grafik-Prozedur, Graph, 4)	59
SHL	(Logischer Operator)	59
ShortInt	(Standard-Datentyp, 4)	59
ShowTurtle	(Turtle-Prozedur, Graph3)	59
SHR	(Logischer Operator)	59
Sin	(Arithmetische Funktion)	59
Single	(Standard-Datentyp, 4)	60
SizeOf	(Speicher-Funktion)	60
Sound	(E/A-Prozedur, Crt)	60
SPtr	(Speicher-Funktion, 4)	60
Sqr	(Arithmetische Funktion)	60
Sqrt	(Arithmetische Funktion)	60
SSeg	(Speicher-Funktion)	61
Str	(Transfer-Prozedur)	61
STRING	(Datenstruktur)	61
Succ	(Ordinale Funktion)	61
Swap	(Speicher-Funktion)	61
System	(Standard-Unit, 4)	62
Text	(Datenstruktur)	62
TextAttr	(E/A-Variable, Crt, 4)	62
TextBackground	(E/A-Prozedur, Crt)	62
TextColor	(E/A-Prozedur, Crt)	62
TextHeight	(Grafik-Funktion, Graph, 4)	63
TextMode	(E/A-Prozedur, Crt)	63
TextWith	(Grafik-Funktion, Graph, 4)	63
TINST.EXE	(Turbo-Datei)	63
THEN	(Reserviertes Wort)	63
TO	(Reserviertes Wort)	63
TPC.EXE	(Turbo-Datei, 4)	63
Trm	(Geräte-Datei, 3)	64
True	(Standard-Konstante)	64
Trunc	(Transfer-Funktion)	64
Truncate	(Datei-Prozedur)	64
Turbo3	(Standard-Unit, 4)	64
TURBO.COM	(Turbo-Datei, 3)	64
TURBO.EXE	(Turbo-Datei, 4)	64
TURBO.TPL	(Turbo-Datei, 4)	65
TurnLeft	(Turtle-Prozedur, Graph3)	65
TurnRight	(Turtle-Prozedur, Graph3)	65
TurtleDelay	(Turtle-Prozedur, Graph3)	65
TurtleThere	(Turtle-Funktion, Graph3)	65
TurtleWindow	(Turtle-Prozedur, Graph3)	65
TYPE	(Reserviertes Wort)	66
UNIT	(Reserviertes Wort, 4)	66
UnpackTime	(Datum-Prozedur, Dos, 4)	67
UNTIL	(Reserviertes Wort)	67
Upcase	(String-Funktion)	67
USES	(Anweisung, 4)	67
Usr	(Geräte-Datei, 3)	67
Val	(Transfer-Prozedur)	68
VAR	(Reserviertes Wort)	68
WhereX	(E/A-Funktion, Ctr)	68
WhereY	(E/A-Funktion, Crt)	68
WHILE-DO	(Anweisung)	68
WindMax	(E/A-Variable, Crt, 4)	69
WindMin	(E/A-Variable, Crt, 4)	69
Window	(E/A-Prozedur, Crt, 4)	69
WITH	(Anweisung)	69
Word	(Standard-Datentyp, 4)	69
Wrap	(Turtle-Prozedur, Graph3)	70

Write	(Datei-Prozedur)	70
Write	(E/A-Prozedur)	70
WriteLn	(E/A-Prozedur)	70
WriteLn	(E/A-Prozedur, Printer)	71
XCor	(Turtle-Funktion, Graph3)	71
XOR	(Arithmetischer Operator)	71
XOR	(Logischer Operator)	71
YCor	(Turtle-Funktion,Graph3)	71
@	(Adreß-Operator, 4)	72
:=	(Anweisung)	72
{ }	(Kommentar)	72

4.4 Sprachmittel nach Anwendungsgebieten geordnet

Adreß-Operator:

@ 72

Anweisungen:

BEGIN-END 4
CASE 6
Exit 17
FOR-DO 21
GOTO 27
Halt 30
IF 32
INLINE 34
REPEAT 52
USES 67
WHILE-DO 68
WITH 69
:= 72
{ } 72

Arith. Funktionen:

Abs 1
ArcTan 2
Cos 11
Exp 18
Frac 22
Int 34
Ln 37
Pi 46
Sin 59
Sqr 60
Sqrt 60

Arith. Operatoren:

AND 1
DIV 14
IN 33
MOD 40
NOT 42
OR 43
XOR 71

Dateieintrag-Fkt.:

FindFirst 21
FindNext 21
GetFAttr 24
SetFAttr 56

Datei-Funktionen:

EoF 16
EoLn 16
FilePos 19
FileSize 19
IOResult 35
IOResult 35
LongFilePos 37
LongFileSize 37
SeekEoF 54
SeekEoLn 55

Datei-Prozeduren:

Append 2
Assign 3
BlockRead 5
BlockWrite 5
Chain 7
ChDir 7
Close 9
Erase 17
Flush 21
GetDir 24
LongSeek 38
MkDir 40
OvrDrive 44
OvrPath 44

Read 50
Rename 52
Reset 52
Rewrite 53
RmDir 53
Seek 54
SetTextBuf 58
Truncate 64
Write 70

Datenstrukturen:

ARRAY 3
FILE 18
FILE OF 19
PACKED ARRAY 44
RECORD 51
SET OF 55
STRING 61
Text 62

Datum-Funktionen:

KeyPressed 36
ReadKey 50
WhereX 68
WhereY 68

Datum-Prozeduren:

GetDate 24
GetFTime 25
GetTime 27
PackTime 45
SetDate 56
SetFTime 56
SetTime 58
UnpackTime 67

E/A-Prozeduren:

AssignCrt 3
ClrEoL 9
ClrScr 9
CrtExit 11
CrtInit 12
Delay 12
DelLine 13
GotoXY 27
HighVideo 31
InsLine 34
LowVideo 38
NormVideo 41
NoSound 42
Read 50
ReadLn 50
RestoreCrt 53
Sound 60
TextBackground 62
TextColor 62
TextMode 63
Window 69
Write 70
WriteLn 70
WriteLn 71

E/A-Variablen:

CBreak 6
CheckBreak 7
CheckEoF 7
CheckSnow 8
DirectVideo 13
DosError 14
TextAttr 62
WindMax 69
WindMin 69

Geräte-Dateien:

Aux 3
Con 10
Kbd 35
Lst 38
Nul 42
Trm 64
Usr 67

Grafik-Funktionen:

GetBkColor 24
GetColor 24
GetGraphMode 25
GetMaxX 25
GetMaxY 26
GetPixel 26
GetX 27
GetY 27
GraphErrorMsg 29
GraphResult 30
ImageSize 32
TextHeight 63
TextWith 63

Grafik-Prozeduren:

Arc 2
Bar 4
Bar3D 4
Circle 8
ClearDevice 8
ClearViewPort 9
CloseGraph 9
ColorTable 9
DetectGraph 13
Draw 15
DrawPoly 15
Ellipse 16
FillPattern 20
FillPoly 20
FillScreen 20
FillShape 20
FloodFill 21
GetArcCoords 23
GetAspectRatio 23
GetDotColor 24
GetFillSettings 25
GetImage 25
GetLineSettings 25
GetPalette 26
GetPic 26

GetTextSettings 26
GetViewSettings 27
GraphBackground 29
GraphColorMode 29
GraphFreeMem 30
GraphGetMem 30
GraphMode 30
GraphWindow 30
HiRes 31
HiResColor 32
InitGraph 33
Line 36
LineRel 36
LineTo 37
MoveRel 40
MoveTo 41
OutText 44
OutTextXY 44
Palette 45
Pattern 45
PieSlice 46
Plot 46
PutImage 49
PutPic 49
PutPixel 49
Rectangle 51
RestoreCrtMode 53
SetActicePage 55
SetAllPalette 55
SetBkColor 55
SetColor 56
SetFillPattern 56
SetFillStyle 56
SetGraphMode 57
SetLineStyle 57
SetPalette 57
SetTextJustify 58
SetTextStyle 58
SetViewPort 58
SetVisualPage 59

Heap-Funktionen:

MaxAvail 38
MemAvail 39

Heap-Prozeduren:

Dispose 13
FreeMem 22
GetMem 26
Mark 38
New 41
Release 51

Interrupt-Proz.:

GetIntVec 25
Intr 35
MsDos 41
SetIntVec 57

Logische Operatoren:

AND 2
NOT 42
OR 43
SHL 59
SHR 59
XOR 71

Ordinale Funktionen:

Odd 42
Pred 47
Succ 61

Ordinale Prozeduren:

Dec 12
Inc 33

Plattenstatus-Fkt.:

DiskFree 13
DiskSize 13

Prozeß-Funktion:

DosExitCode 15

Prozeß-Prozeduren:

Exec 17
Execute 17
Keep 36

Rervierte Wörter:

ABSOLUTE 1
CONST 10
DO 14
DOWNTO 15
ELSE 16
END 16
EXTERNAL 18
FORWARD 22
FUNCTION 23
IMPLEMENTION 32
INTERFACE 34
INTERRUPT 34
LABEL 36
OF 42
OVERLAY 44
PROCEDURE 48
PROGRAM 48
THEN 63
TO 63
TYPE 66
UNIT 66
UNTIL 67
VAR 68

Speicher-Funktionen:

Addr 1
BDos 4
BDosHL 4

Bios 5
BiosHL 5
CSeg 12
DSeg 15
Hi 31
Lo 37
Ofs 42
ParamCount 45
ParamStr 45
Ptr 49
Random 49
Seg 55
SizeOf 60
SPtr 60
SSeg 61
Swap 61

Speicher-Proz.:
FillChar 20
Move 40
Randomize 50

Standard-Datentyp:
Boolean 5
Byte 6
Char 7
Comp 10
Double 15
Extended 18
Integer 34
LongInt 37
Real 51
ShortInt 59
Single 60
Word 69

Standard-Konst.:
False 18
MaxInt 39
MaxLongInt 39
NIL 41
True 64

Standard-Units:
Crt 11
Dos 14
Graph 28
Graph3 29
Printer 47
System 62
Turbo3 64

Standard-Variablen:
BufLen 6
ExitProc 17
FileMode 19
FreeMin 22
FreePtr 23
HeapError 31
HeapOrg 31
HeapPtr 31
Input 33
Mem 39
MemL 40
MemW 40
Output 43
Port 46
PortW 47
PrefixSeg 47
RandSeed 50

String-Funktionen:
Concat 10
Copy 10
Length 36
Pos 47
Upcase 67

String-Prozeduren:
Delete 12
Insert 34

Turbo-Dateien:
TURBO.COM 64
TURBO.EXE 64
TURBO.TPL 65

Transfer-Funktionen:
Chr 8
Ord 43
Round 54
Trunc 64

Transfer-Prozeduren:
Str 61
Val 68

Turbo-Menübefehle:
Compile 10
Edit 16
File 18
Options 43
Run 54

Turtle-Funktionen:
Heading 30
HideTurtle 31
TurtleThere 65
XCor 71
YCor 71

Turtle-Prozeduren:
Back 3
ClearScreen 8
ForWd 22
Home 32
NoWrap 42
PenDown 46
PenUp 46
SetHeading 57
SetPenColor 57
SetPosition 58
ShowTurtle 59
TurnLeft 65
TurnRight 65
TurtleDelay 65
TurtleWindow 65
Wrap 70

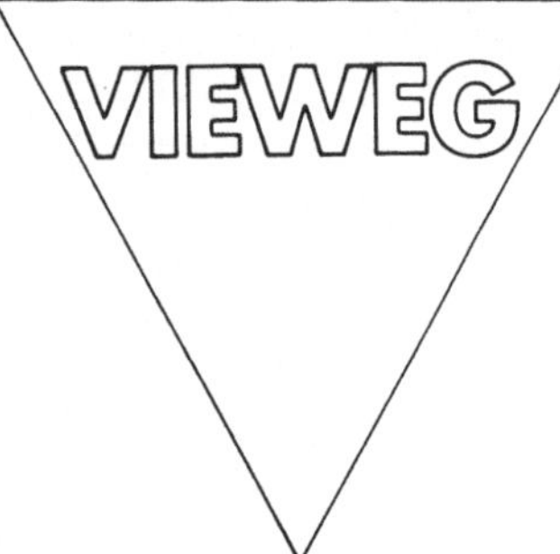

Ekkehard Kaier und Edwin Rudolfs

Turbo Pascal-Wegweiser für Mikrocomputer Grundkurs + Aufbaukurs + Übungen zum Grundkurs

Diese Wegweiser-Bücher informieren umfassend über die grundlegenden Anwendungsmöglichkeiten, die Turbo Pascal bietet:

- Entwicklung von Software;
- Bedienung des Turbo Pascal-Systems;
- Übungsaufgaben und Lösungen zum Vertiefen der Pascal-Kenntnisse.

Turbo Pascal-Wegweiser für Mikrocomputer Grundkurs
2., durchges. und bearb. Aufl. 1986. XII, 262 S. mit 88 Programmen, 42 Programmablaufplänen und Struktogrammen sowie 100 Abb. 16,2 x 22,9 cm. Kart.

Turbo Pascal-Wegweiser für Mikrocomputer Aufbaukurs
2., überarb. und verb. Aufl. 1987. XII, 444 S. mit 106 Programmen, 12 Dateien, 15 Struktogrammen sowie 101 Abb. 16,2 x 22,9 cm. Kart.

Turbo Pascal-Wegweiser Übungen zum Grundkurs
1987. VIII, 120 S. mit 156 Aufgaben und dazugehörigen Lösungen sowie 120 Programmbeispielen. 16,2 x 22,9 cm. Kart.